2

Nationalgalerie
Staatliche Museen zu Berlin

Eva Fàbregas *Devouring Lovers*

Für die / For the **Nationalgalerie – Staatliche Museen zu Berlin**
herausgegeben von / edited by
Sam Bardaouil & Till Fellrath

Hamburger Bahnhof *Nationalgalerie der Gegenwart*

SilvanaEditoriale

Inhalt
/ Content

Eva Fàbregas *Devouring Lovers*

Anna-Catharina Gebbers

Begehren, Liebe, Intimität, Kannibalismus, Parasitismus, Kontamination, zügelloses Wuchern: All dies evoziert die bislang größte Einzelausstellung der in Barcelona geborenen Künstlerin Eva Fàbregas, die ab Anfang Juli 2023 in der historischen Haupthalle des Hamburger Bahnhof – Nationalgalerie der Gegenwart zu sehen ist. Ihre monumentale, ortsspezifische Installation erweitert die Grenzen des Skulpturalen und lädt die Besucher*innen zu einem sinnlichen Raumerlebnis ein. Organisch anmutende Objekte verwandeln die von mächtigen, industriellen Stahlträgern geprägte Bahnhofsarchitektur in einen scheinbar gewachsenen Raum. Die Installation erweckt die Vorstellung eines großen lebenden Organismus, der seiner eigenen libidinösen Logik folgt, eine Maschine des Begehrens[1] mit womöglich unkontrollierbarem Wachstum.

Desire, love, intimacy, cannibalism, parasitism, contamination, rampant growth: these are just some of the associations evoked by Eva Fàbregas's monumental, site-specific installation in the historic main hall of Hamburger Bahnhof – Nationalgalerie der Gegenwart. With this presentation, which runs from July 2023 to January 2024 and is the Barcelona-born artist's largest solo exhibition to date, Fàbregas pushes the boundaries of sculpture and offers visitors a sensuous spatial experience. Her organic-looking creations transform the architecture of the former train station with its imposing steel girders into a realm of apparently natural growth. The installation gives the impression of being a huge living organism that obeys its own libidinous logic—a desiring-machine[1] with the potential for uncontrollable growth.

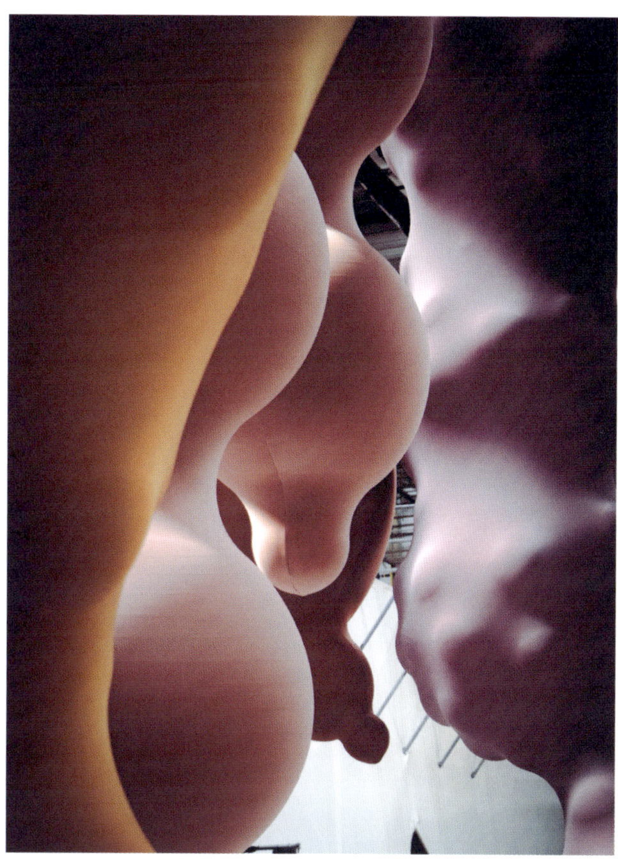

Eva Fàbregas, *Growths.* Detail. 2022. Ortsspezifische Installation / site-specific installation, aufblasbare Gegenstände aus elastischem Stoff, aufblasbare Ballons / inflatable objects made from elastic fabric, inflatable balloons. Installationsansicht / installation view *Manifesto of Fragility*, 16. Lyon Biennale, 2022

Eva Fàbregas erforscht mit ihren objektbasierten Werken, großformatigen Installationen, Zeichnungen, Videos und Soundarbeiten Mechanismen des Begehrens und die Erotik von Dingen. Ihre Arbeit kreist um taktiles Empfinden, körperliche Intimität, sensorische Beziehungen und multiple Formen von somatischem Erkunden mit und durch Objekte. Befreit von den Zwängen der Biologie, können Begehren und Affekte in alle Richtungen fließen und den Unterschied zwischen organischer und anorganischer Materie verwischen lassen. Oft bestehen ihre Objekte und Installationen aus dehnbaren, aufblasbaren Materialien und erinnern an organische Kreaturen, Knollen, Schläuche oder Membranen. Durch die spezifische Verbindung von hautähnlichen, weichen Materialien, hellen Farben und biomorphen Formen, von raumbezogenen Ins-

Through her object-based works, large-scale installations, drawings, videos, and sound pieces, Eva Fàbregas explores the mechanisms

1 „Die Wunschmaschinen stecken nicht in unserem Kopf, sind keine Produkte der Einbildung, sondern existieren *in den technischen und gesellschaftlichen Maschinen selbst*". Gilles Deleuze und Félix Guattari, *Anti-Ödipus: Kapitalismus und Schizophrenie I*, übers. v. Bernd Schwibbs, Frankfurt a.M. 1974, S. 512.

1 "Desiring-machines are not in our heads, in our imagination, they are *inside the technical and social machines themselves.*" Gilles Deleuze and Félix Guattari, "Balance-Sheet for 'Desiring-Machines,'" in: Félix Guattari, *Chaosophy. Texts and Interviews 1972–1977*, trans. David L. Sweet, Jarred Becker, and Taylor Adkins, ed. Sylvère Lotringer [Los Angeles, CA: Semiotext(e), 2009], pp. 90–115, p. 106.

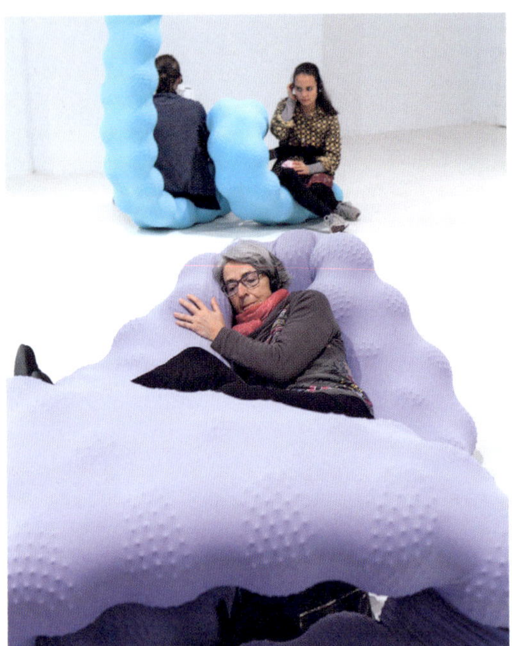

Picture yourself as a block of melting butter, 2017. Installationsansicht / installation view Fundació Joan Miró, Barcelona, 2017

tallationen, Materie und Akustik erzeugt Eva Fàbregas synästhetische Effekte. Ihre Skulpturen werden zu Dingen, die gleichermaßen anrühren, befremden und den Wunsch nach taktiler Berührung erwecken.

Diese Zweideutigkeit der Gefühle – nährend oder parasitär, friedlich oder bedrohlich, unschuldig oder gar pervers –, der Moment der Überraschung und der Fragilität, der sich beim Aufeinandertreffen von scheinbar Bekanntem und zunächst Unerklärlichem, Bedrohlichem einstellt, interessiert Eva Fàbregas: Mit ihrer Kunst stellt sie das Denken in gewohnten Gegensätzen wie natürlich/künstlich, belebt/unbelebt oder menschlich/nicht-menschlich genauso radikal infrage wie die Idee der Vergegenwärtigung von etwas Nicht-Gegenwärtigem – der Gleichsetzung von Kunstwerk und einem es repräsentierenden Objekt. Die Werke lassen vielmehr spürbar werden, wie die Morphologie und taktile Beschaffenheit von Materialien die Gestaltung von Emotionen, Wirkungen und Wünschen beeinflussen.

Auch die Ausstellung im Hamburger Bahnhof befasst sich mit Fragen der Intimität, des Begehrens, der Zugänglichkeit und der Repräsentation. Die Installation aus den für

of desire and the eroticism of material objects. Her practice embraces tactile engagement, physical intimacy, sensorial relation and multiple forms of somatic experimentation with and through objects. Liberated from the constraints of biology, desire and affect are allowed to flow in all directions, blurring the distinction between organic and inorganic matter. Fàbregas often uses elastic, inflatable materials to produce her objects and installations, which recall organic entities, bulbous protrusions, tubes, and membranes. She achieves synesthetic effects by combining soft, skin-like fabrics with pale colors and biomorphic forms, as well as by merging materiality, acoustics, and site-specific presentation. Affecting and disconcerting in equal measure, the resulting sculptural objects spark the viewer's desire for tactile engagement.

Eva Fàbregas examines these ambiguous or contradictory emotions and impressions—nourishing or parasitic, peaceable or menacing, innocent or even perverse—and focuses on the moment of surprise and fragility caused by an encounter between something apparently familiar and something inexplicable or potentially threatening. Through her art, she challenges the practice of thinking in dichotomies such as natural/artificial, animate/inanimate, or human/non-human, and questions the notion of representing something that is not present: equating an artwork with an object that represents it. Instead, Fàbregas's works aim to show how the morphology and tactile qualities of materials influence the generation and shaping of emotions, effects, and desires.

Eva Fàbregas's exhibition at Hamburger Bahnhof also explores themes of intimacy, desire, accessibility, and representation. The installation is comprised of her trademark soft, biomorphic sculptures and is closely interwoven with the industrial architecture of the museum's main hall; emerging from the side aisles, it climbs up the skeletal steel girders and winds around the arches, breathing its own life into the space. The tentacles that grasp the metal structures are also gently vibrating, and it is not immediately clear whether these are protuberances of a shared body, or if each is leading an aggressively expanding life of its own. The

Eva Fàbregas' Werk charakteristischen weichen, biomorphen Skulpturen geht eine enge Verflechtung mit der industriellen Architektur der Haupthalle ein. Sie wächst aus den Seitengängen an den skelettartigen Stahlträgern hoch, umschlingt die Bögen und atmet der Halle ihr eigenes Leben ein. Die nach dem Metall greifenden Tentakel vibrieren zudem zart und es ist nicht ganz klar, ob sie Auswüchse eines gemeinsamen Körpers sind oder ein sich aggressiv ausbreitendes Eigenleben führen. Die elastischen Formen nutzen das Skelett für ein formales skulpturales Spiel zwischen Schwebe und Ponderation, zwischen Statik und Stasis, zwischen Zugfestigkeit und Verflüssigung. Und sie setzen das Verhältnis zwischen den Körpern der Besucher*innen und Architektur in Szene.

Sinnlich-vegetabil, -animalisch oder -mineralisch spielen diese Ausläufer auf biologische Prozesse und Rhythmen an, die mit Verdauung, Inkubation und Metamorphose, aber auch geschwürartigem Wachstum verbunden sind. Einer eindeutigen Zuordenbarkeit entziehen sie sich jedoch – ebenso wie sich die Sinnlichkeit der Gebilde mit keinerlei spezifischer Geschlechtszugehörigkeit verbinden lässt. Ohne Mimesis einer bereits vorhandenen Vorlage erzeugen sie ihre eigene Realität und treten so in eine spekulative Wirklichkeit ein.

Entscheidend hierfür ist die erweiterte Haptik und Materialität der Skulpturen. Der formgebenden Hülle aus dem typischen Badebekleidungsstoff Lycra verleihen aufblasbare Bälle in ihrem Inneren Volumen. Die Elastizität des Materials erzeugt ein Bewegungs- und Klangpotenzial, das von in den Lycra-Schläuchen verteilten, vibrierenden Metallkugeln in kinetische Effekte übertragen wird. All dies wirkt sich auf Propriozeption, Somästhetik und Gleichgewichtssinn, also die unbewusste Wahrnehmung des eigenen Körpers und der eigenen Bewegung aus und entfaltet so eine eigene materielle Agency. Für Eva Fàbregas ist bereits der Produktionsprozess ihrer Skulpturen von sinnlicher Erkenntnis und Dialogizität geprägt: Die Elastizität der Materialien ermöglicht ihr ein Denken mit den Fingern, zu dem sie

malleable objects seem to be toying with the skeletal structure, highlighting the formal and sculptural interplay between suspension and ponderation, statics and stasis, tensile strength and liquefaction. At the same time, they draw attention to the relationship between the bodies of museum visitors and the physical entity of the architecture.

With their sensually vegetal, animalistic, and mineral qualities, these curious offshoots allude to biological processes and rhythmic actions associated with digestion, incubation, and metamorphosis, as well as with ulcerous growth. They elude conventional categorization, however, in the same way that the sensuousness of the forms cannot be linked to a particular gender. Rather than imitating something that already exists, they create their own reality and thereby enter a speculative actuality. The decisive factor in this process is the expanded haptics and materiality of the sculptural objects, whose outer sleeves are made of Lycra—a fabric typically used in swimwear—and are given volume by the inflatable balls they contain. The stretchable property of Lycra generates a potential for movement and sound that is converted into kinetic energy by the vibrating metal balls that are also distributed inside the tubes. All of these elements influence proprioception, somaesthetics, and balance—in other words, a person's unconscious perception of their own body and movement, and in this way, the object asserts its own material agency. For Eva Fàbregas, the process of producing her sculptures is likewise characterized by sensory perception, somatic experimentation, and dialogism: the elasticity of the materials used allows her to "think with her fingers"—to gain knowledge through touch—and she invites others who engage with her sculptures to do the same. Through a combination of truth to materials and multisensory experience, a reciprocal and collective process of forming and informing, and an almost Beuysian sculpting of the social, an expanded understanding of community and society is conveyed with almost playful ease.

The vibrating, light-colored diverticula winding around the metal columns not only seem to be absorbing the metabolism of the

auch andere bei der Begegnung mit ihren Skulpturen einladen möchte. Über Materialgerechtigkeit, Multisensorik, ein gegenseitiges und gemeinsames Formen und Informieren, ein fast Beuys'sches Modellieren des Sozialen vermittelt sich damit fast spielerisch ein erweitertes Verständnis von Gemeinschaft und Gesellschaft.

Die hellen, vibrierenden Divertikel an den Säulen scheinen den durch die sich wandelnden Besucher*innen-, Mitarbeiter*innen-, Ausstellungs- und Materialströme geprägten Metabolismus des Gebäudes aufzunehmen, einen eigenen hinzuzufügen und zu atmen. Die formalästhetische Betrachtung der Halle als Corpus unterstreicht die Assoziationen zum Atmen im Mutterleib, dem Verhältnis von Atmen und Begehren sowie der Synthese von Atmen und dem nur schwer beschreibbaren Drang nach Leben. Und Luft wird in Eva Fàbregas' aufblasbaren Skulpturen selbst zu einem Material, das Volumen und Formen schafft, die die Wahrnehmung von uns selbst und von Raum verändern können.

Das Schaffen von Volumen durch das Nichtgreifbare war in der historischen Halle im Hamburger Bahnhof immer wieder und gerade in jüngster Zeit für verschiedene Werke bedeutend: Sandra Mujinga stellte für *IBMSWR*

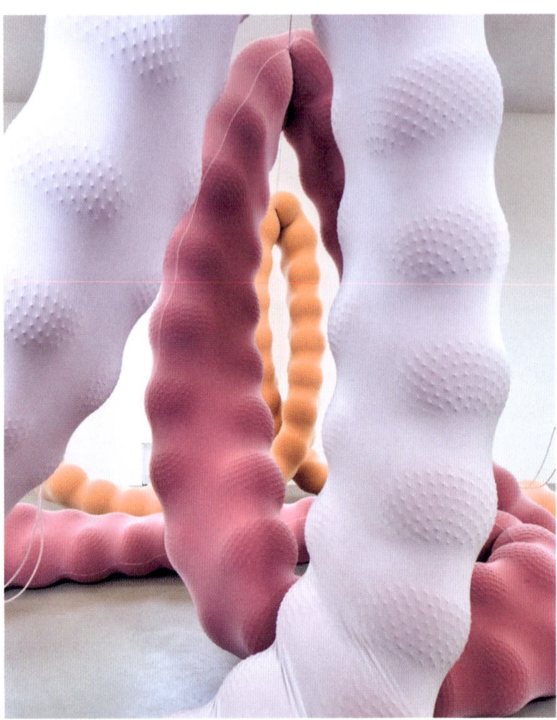

Pumping, 2019. Installationsansicht / installation view Kunstverein München, 2019

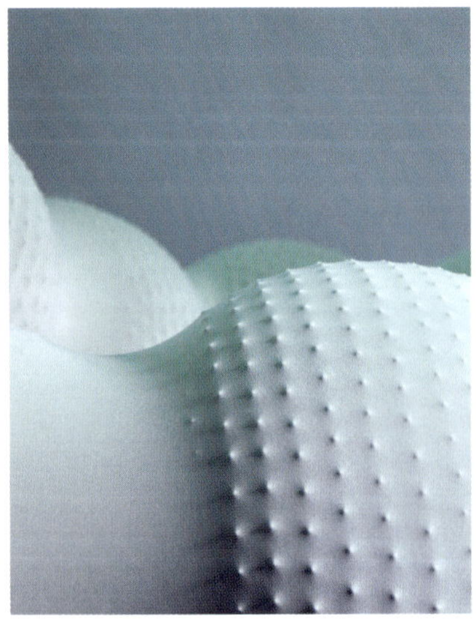

Picture yourself as a block of melting butter, 2017. Detail.

building—defined by a constant stream of visitors and staff, along with an ever-changing program of exhibitions and materials—they also bring their own metabolism to the hall and appear to be breathing their life into it. From a formal and aesthetic perspective, viewing the hall as a physical body underscores associations with an unborn child breathing in its mother's womb, the relation of breath to desire, and the synthesis of breathing and the almost indescribable urge to live. In Eva Fàbregas's inflatable sculptures, air is employed as a material to produce volume, to create forms that can alter our perception of ourselves and of space.

Using intangible elements to generate volume is central to a number of artworks that have been presented in the historic hall of the Hamburger Bahnhof, above all in recent years: for her installation *IBMSWR: I Build My Skin With Rocks* (2022/2023),[2] Sandra Mujinga placed the monolithic structure that served as her video screen at the far end of the hall, rendering the volume and presence of the space tangible; and in *Angst II* (2016),[3] Anne Imhof made it impossible to grasp her performative images in their entirety by having the actors

(2022/2023)[2] ihren als Videoabspielfläche dienenden gigantischen Monolithen ans Ende der Halle und ließ so den Raum als solchen spürbar werden; Anne Imhof entzog bei *Angst II* (2016)[3] ihre performativen Bilder durch einen von ihren Bildakteur*innen zu durchschreitenden Nebel dem Überblick. Ebenso wie diese beiden Künstlerinnen zielt Eva Fàbregas auf eine Kritik der Repräsentation. Alle drei stemmen sich bildgewaltig gegen reduktive, repressive Verfahren der Einhegung und Gleichsetzung von Objekten und Bildern, gegen das Hervorbringen von Sujets und damit auch gegen die Art und Weise, wie beispielsweise Queerness mit Nicht-Normativität assoziiert wird. Die Skulpturen fordern vielmehr Vorstellungen von anderen möglichen Körpern, von neuen Formen des Begehrens und der Affekte jenseits von Zuordnungen heraus.

Bei Eva Fàbregas bleiben entgegen aller biomorphen Assoziationen die Materialien und Bewegungen der Skulpturen künstliche wie prothetische Hilfsmittel, die das Leben erleichtern oder gar ermöglichen. Weder wollen sie Fleisch nachahmen noch das Werk auratisch oder fetischisierend aufladen. Die Künstlerin ist weit entfernt davon, Pygmalion-gleich Versionen von Galatea zu schaffen. Sie träumt nicht von einer Beseelung ihrer Schöpfungen, sondern betrachtet ihre Materialien von Anfang an als eigenständig. Nicht Verlebendigung ist Eva Fàbregas‘ Thema, sondern das Hinterfragen von Zuschreibungen wie die von Lebendigkeit. Die skulpturale Tradition der Gestaltung und Nachahmung lebendiger Formen wird in ihrem Werk einem durchaus humorvollen kritischen Ansatz unterzogen: die Synthese aus Farben, Formen und Plastizität verbindet das Menschengemachte mit dem natürlich geformt Wirkenden, das Bekannte mit dem Unbekannten.

In ihrer bildhauerischen Praxis spielt die Künstlerin mit Materialien und Bezügen aus der Kunstgeschichte. Dazu gehören Kategorien wie Assemblage, Minimalismus, Installation, Kinetik, die Skulptur der Moderne oder Verweise auf Künstler*innen wie Robert Breer, Eva Hesse, Rebecca Horn und Alina Szapocznikow. Vor dem historischen Hintergrund der Erwei-

traverse a thick fog. Eva Fàbregas's practice, like that of her two colleagues, offers a critique of representation. The visually impactful work of all three artists expresses strong opposition to reductive, repressive methods of confining and equating objects and images; to the generation of subjects; and thus also to the way in which, for example, queerness is associated with non-normativity. Instead, Fàbregas's sculptures encourage us to imagine other possible bodies, to conceive of new forms of desire and affect beyond traditional classifications.

For all their biomorphic associations, the materials and movements of Eva Fàbregas's sculptures remain artificial and prosthetic aids that make life easier, or indeed possible. Their aim is neither to imitate flesh, nor to give the work an auratic or fetishizing charge. Fàbregas's intentions are far removed from those of Pygmalion, when he was carving his statue of Galatea. She does not dream of endowing her creations with living force, but rather considers her materials autonomous from the outset. Her art is not concerned with bringing things to life, but with challenging attributions such as perceived animateness. Fàbregas takes a critical and often humorous approach to the sculptural tradition of representing and imitating living forms: the synthesis of colors, shapes, and plasticity links the man-made with what appears to be naturally formed, the familiar with the unfamiliar.

In her sculptural practice, Eva Fàbregas plays with art-historical allusions and materials that include categories such as assemblage, minimalism, installation, kinetics, and mod-

2 Sandra Mujinga, *IBMSWR: I Build My Skin With Rocks* (Preis der Nationalgalerie 2021), Hamburger Bahnhof – Nationalgalerie der Gegenwart, 9.12.2022 – 1.5.2023.

3 Anne Imhof, *Angst II*, Hamburger Bahnhof – Nationalgalerie der Gegenwart, 14. – 25.9.2016.

2 Sandra Mujinga, *IBMSWR: I Build My Skin With Rocks* (Preis der Nationalgalerie 2021), Hamburger Bahnhof – Nationalgalerie der Gegenwart, Dec. 9, 2022–May 1, 2023.

3 Anne Imhof, *Angst II*, Hamburger Bahnhof – Nationalgalerie der Gegenwart, Sept. 14–25, 2016.

terungen des Skulpturbegriffs – von Auguste Rodin bis Rosalind Krauss und darüber hinaus – variiert und hinterfragt Eva Fàbregas klassische Charakteristika der Skulptur wie Räumlichkeit, Plastizität oder Materialität und lässt sie durchlässig werden. Materialien und Dinge ihre eigene Performativität entfalten zu lassen sowie Schaumstoff, Silikon, Lycra und Robotik einzusetzen prägen Eva Fàbregas' Werk bereits seit ihrer Studienzeit am Chelsea College of Art and Design in London: Für *Self-organising system* stellte sie 2014 Skulpturen aus entsorgten Transportverpackungsmaterialien her.[4] Durch Robotikelemente werden die Materialien selbst zu Protagonist*innen und unternehmen ihre eigenen Reisen. Eva Fàbregas betrachtet alle Arbeiten, die sie seither gemacht hat, als in diesem Projekt verwurzelt.[5]

Den poetischen und zugleich illusionslosen wie repräsentationskritischen Blick auf die Welt teilt Eva Fàbregas mit den spekulativen Science-Fiction-Autorinnen Octavia E. Butler und Ursula K. Le Guin sowie dem Philosophen und Kurator Paul B. Preciado. Paul B. Preciado wehrt sich in seinen Schriften u.a. dagegen, dass Grenzpolitiken des Ausschlusses auf der Ebene des individuellen Körpers und Sexualität das Individuum in einer Gesellschaft bestimmen: „Wie können Sie, wie können wir ein ganzes System der Sichtbarkeit, der Repräsentation, des Rechts auf Souveränität und politische Anerkennung anhand solcher Kategorien [des sexual assignments] organisieren?".[6] Er plädiert für eine politische Transformation als Kollektiv, das für ein neues Gleichgewicht in der Gemeinschaft aller Lebewesen kämpft. In Octavia E. Butlers Geschichten wird die Beherrschung der Schwachen durch die Starken oft als eine Art Parasitismus dargestellt und diese „Anderen", ob Aliens, Vampire, Übermenschen oder Sklavenhalter, werden von Protagonist*innen herausgefordert, die Differenz, Vielfalt und Veränderung verkörpern – Butlers Fabeln sind Lösungsversuche für den selbstzerstörerischen Zustand, in dem sie die Menschheit vorfindet. Dem Todestrieb hinter dem hierarchischen Impuls wird in Butlers Erzählungen eine angeborene Liebe zum Leben (Biophilie) entgegengesetzt, insbeson-

ernist sculpture, as well as references to artists such as Robert Breer, Eva Hesse, Rebecca Horn and Alina Szapocznikow. Against the historical backdrop of attempts to expand the concept of sculpture—from the art of Auguste Rodin to the writings of Rosalind Krauss and beyond—Fàbregas questions and modifies characteristic elements of sculpture such as three-dimensionality, plasticity, and materiality, and in doing so she makes them permeable. Allowing materials and objects to develop their own performativity, and employing foam, silicone, Lycra, and robotics have been features of Fàbregas's art since she was a student at Chelsea College of Art and Design in London: for her work *Self-organizing system* (2014), for example, she produced a series of sculptures based on discarded packaging materials.[4] The incorporation of robotic components transformed the materials into protagonists who could go on journeys of their own. Fàbregas regards all the work she has created since then as being in some way rooted in that project.[5]

Eva Fàbregas's poetic, but also illusion-free and representation-critical view of the world is shared by the speculative science-fiction authors Octavia E. Butler and Ursula K. Le Guin, as well as by the philosopher and curator Paul B. Preciado. In his writings, Preciado speaks out against the fact that policies of exclusion, operating at the level of the individual body and sexuality, define a person within a society: "How can you, how can we, organize an entire system of visibility, representation, right of self-determination and political recognition if we follow such categories [of sexual differentiation]?".[6] He calls for a process of political transformation, carried out by a collective force that fights for a new equilibrium in the community of all living beings. In Octavia E. Butler's stories, the domination of the weak by the strong is often presented as a kind of parasitism, and the dominant "others"—be they aliens, vampires, superhumans, or slave owners—are challenged by protagonists who embody difference, diversity, and change. Butler's fables can therefore be regarded as attempts to find solutions for the self-destructive state in which she found mankind. In her narratives, the death wish behind the hierar-

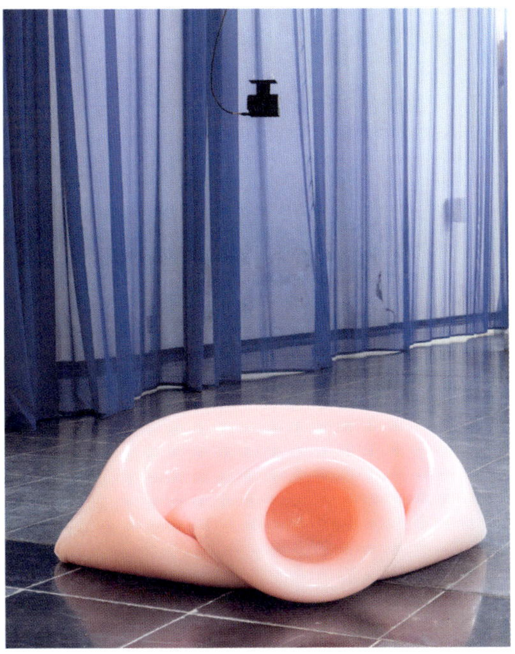

Sheddings, 2021. Installationsansicht / installation view
Kunsthal Gent

dere zu bislang unbekannten Lebensformen. Kreuzung, Kontamination, Hybridität als Mittel zur Korrektur der soziobiologischen Ursachen hierarchischer Gewalt und das wörtliche wie metaphorische Verderben des menschlichen Körpers leiten die mögliche Entwicklung hin zu einer von Toleranz, Akzeptanz von Vielfalt und verantwortungsvoller Machtausübung geprägten Gemeinschaft ein.

Der Hamburger Bahnhof hat sich in seiner Sammlung seit seiner Gründung und insbesondere in der Ausstellung *moving is in every direction* (2017) den Erfahrungen, aber auch den Verstörungen gewidmet, die Installationskunst ermöglicht. Sie „beruhen vor allem auf Erfahrungen des eigenen Körpers und den Wechselwirkungen zwischen diesem, der Umgebung und den anderen Körpern in einem Raum. [...]. Neben der prozessualen und körperlichen Seite des Handelns thematisieren Installationen auch den sozialen Charakter des Handelns, in dem sie die Normen, Werte und Hierarchien reflektieren können, nach denen wir uns in öffentlichen Kunsträumen bewegen. Gerade hier hält die Installationskunst unverhoffte Situationen bereit, die uns zur kritischen Auseinandersetzung mit etablierten Rahmen und Regeln Anlass gibt“.[7]

chical impulse is countered with an innate love of life (biophilia), particularly of life-forms that were previously unknown. As possible ways to address the sociobiological causes of hierarchical violence and the both literal and metaphorical decay of the human body, crossbreeding, contamination, and hybridity may ultimately lead to the development of a community that is defined by tolerance, the acceptance of diversity, and the responsible use of power.

Ever since the museum was founded, Hamburger Bahnhof has worked to highlight the unique experiences, but also the disturbances and irritations that installation art can generate; this focus is evident not only in the museum's art collection, but also in thematic exhibitions such as *moving is in every direction* (2017). Such experiences and disturbances "are based particularly on the experiences of one's own body and the interactions between the body, the environment, and other bodies in

4 Eva Fàbregas, *Self-organising system*, 2014, Schaumstoffverpackungen, Motoren, elektronische Bauteile, Maße variabel.
5 Eva Fàbregas im Interview mit Antonia Marsh, „Eva Fàbregas“, in: *Apartamento*, https://www.apartamentomagazine.com/stories/eva-fabregas/, zuletzt abgerufen am 28.2.2023
6 Vgl. Paul B. Preciado, „Einleitung: Ein Apartment auf dem Uranus“, in: *Ein Apartment auf dem Uranus*, übers. v. Stefan Lorenzer, Berlin 2022, 2. Aufl., S. 19–47, S. 28.
7 Barbara Gronauer, „Anmerkungen zur Geschichte und Theorie der Installationskunst“, in: *moving is in every direction*, hrsg. v. Anna-Catharina Gebbers und Gabriele Knapstein, Berlin 2017, S. 8–14, S. 14.

4 Eva Fàbregas, *Self-organizing system*, 2014, foam packing materials, motors, electronic components, dimensions variable.
5 Eva Fàbregas in conversation with Antonia Marsh: "Eva Fàbregas," in: *Apartamento*, https://www.apartamentomagazine.com/stories/eva-fabregas/ [accessed on May 16, 2023].
6 Paul B. Preciado, "Introduction: An Apartment on Uranus," in: *An Apartment on Uranus: Chronicles of the Crossing*, trans. Charlotte Mandell [South Pasadena, CA: Semiotext(e), 2020], pp. 21–42, p. 28.

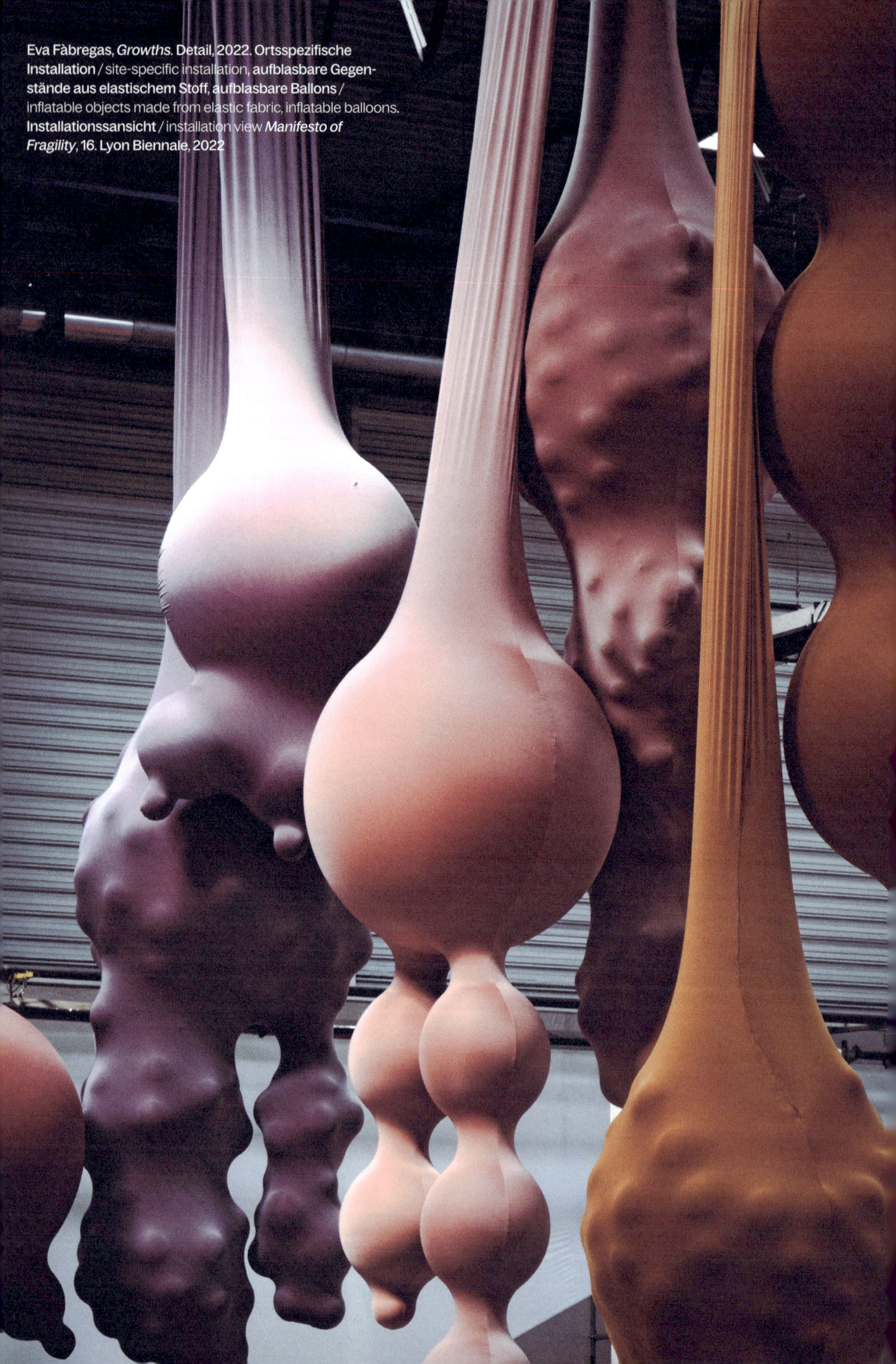

Eva Fàbregas, *Growths*. Detail, 2022. Ortsspezifische Installation / site-specific installation, aufblasbare Gegenstände aus elastischem Stoff, aufblasbare Ballons / inflatable objects made from elastic fabric, inflatable balloons. Installationssansicht / installation view *Manifesto of Fragility*, 16. Lyon Biennale, 2022

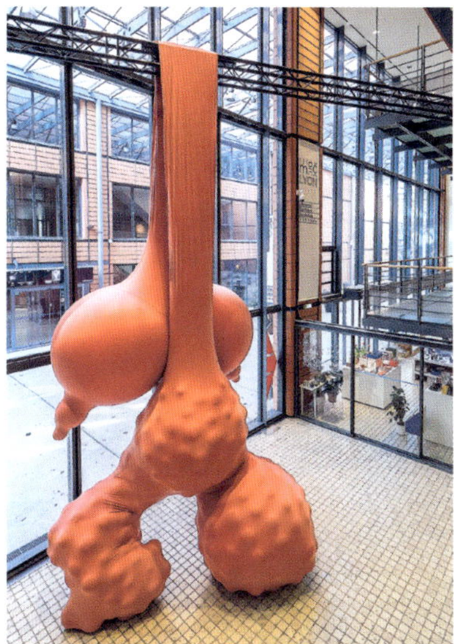

Growths, 2022. Installationsansicht / installation view MAC Lyon, 2023

Mit ihrer durch Luft und Materialien erzeugten Plastizität, den veränderbaren Morphologien und der durch scheinbares Wachstum und Organizität, das Sinnlich-Vegetabile/-Animalische vermittelten Ästhetik des Lebendigen lässt die Installation nicht nur den durch vielfältige Exklusionslogiken geprägten Kanon porös werden. Eva Fàbregas' höchst sinnliche, humorvolle Repräsentationskritik ist vor allem einladend. Textur, Form, Farbe, Maßstab, die stets wandlungsfähig bleibenden, scheinbar lebendigen Skulpturen und die so erzeugte eigene Sinnlichkeit der Installation im Hamburger Bahnhof verführen die Besucher*innen zu einem Denken durch Berührung und sensorische Interaktion. Die Skulpturen regen dazu an, ihre Nähe zu suchen, unseren Atem mit ihrem zu synchronisieren, ihre Haut als Verlängerung unserer eigenen zu empfinden, in einem Akt der Gemeinschaft, der ebenso schön wie seltsam ist. Sie sind eine Einladung dazu, eine somatische Beziehung zur Kunst herzustellen, Gemeinschaften zu bilden und die Vorstellungskraft zu nutzen, um das scheinbar Andere zuzulassen.

the space. [...] In addition to the action's procedural and physical side, installations address its social character, insofar as they reflect the norms, values, and hierarchies that regulate the way we move within public art spaces. It is here that installation art creates unexpected situations, bringing us to critically confront established frameworks and rules."[7]

With its plasticity generated by air and materials, its malleable morphologies, and its animated aesthetics conveyed by apparently natural growth, organicity, and sensual vegetal/animalistic qualities, Eva Fàbregas's installation not only renders permeable the canon that is shaped by diverse logics of exclusion. This highly sensuous and humorous critique of representation is above all inviting. Texture, form, color, and scale have been skillfully combined to create endlessly adaptable sculptures that appear to be living entities; the uniquely sensual qualities of Fàbregas's installation at Hamburger Bahnhof seduce us into trying her way of "thinking" through tactile engagement and sensory interaction. The sculptures tempt us to move closer to them, to synchronize our breathing with theirs, and to consider their skin as an extension of our own, in an act of communion that is at once beautiful and strange. They invite us to enter into a somatic relationship with art, to form communities, and to use our powers of imagination to acknowledge—and indeed welcome—the supposedly "other."

7 Barbara Gronauer, "Notes on the History and Theory of Installation Art," in: Anna-Catharina Gebbers and Gabriele Knapstein (eds.), *moving is in every direction: Environments, Installations, Narrative Spaces*, trans. Lance Anderson, exh. cat. Hamburger Bahnhof – Nationalgalerie der Gegenwart [Berlin: Staatliche Museen zu Berlin – Preußischer Kulturbesitz, 2017], pp. 9–15, p. 15.

Translated from the German by Jacqueline Todd

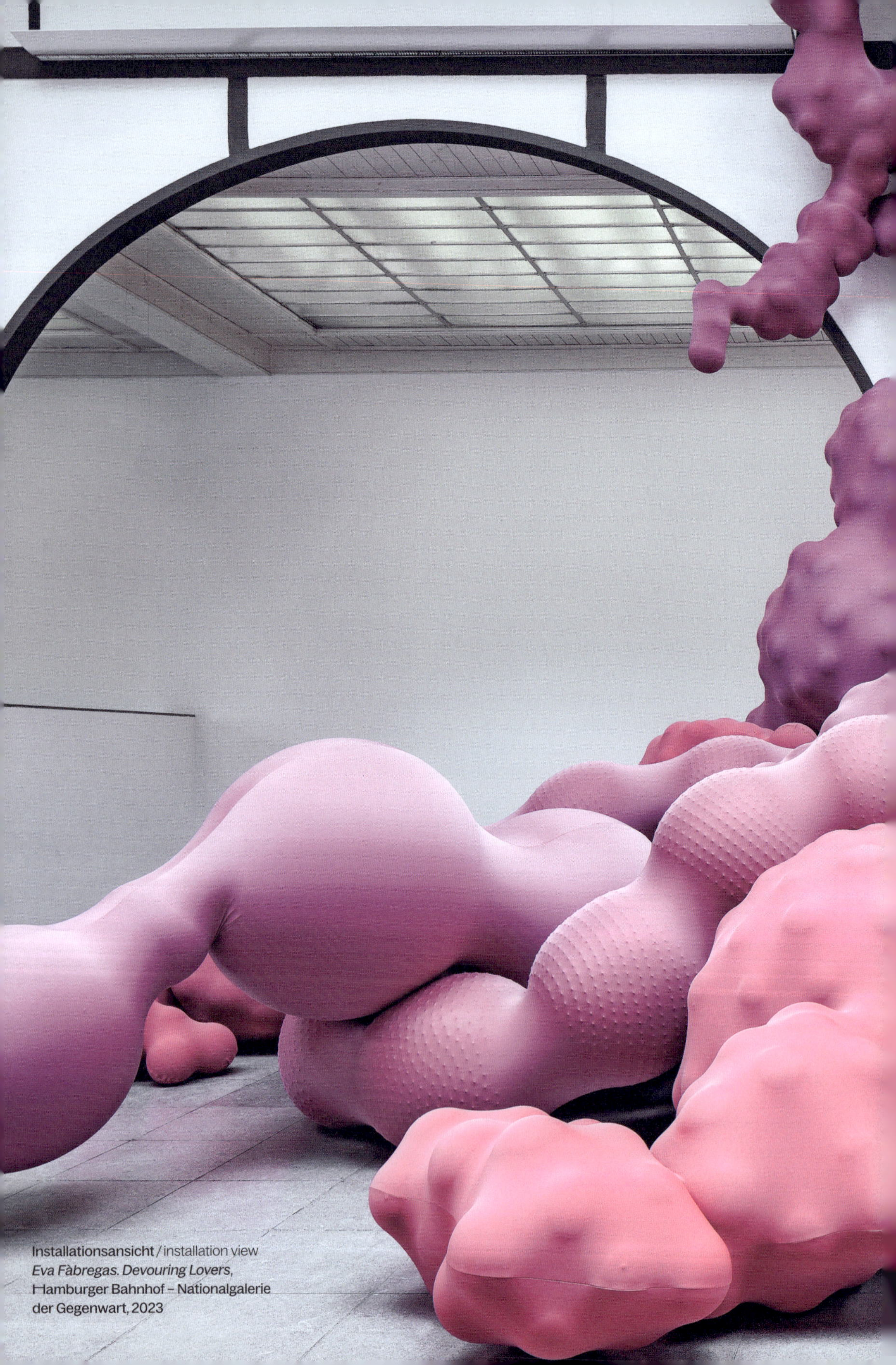

Installationsansicht / installation view
Eva Fàbregas. Devouring Lovers,
Hamburger Bahnhof – Nationalgalerie
der Gegenwart, 2023

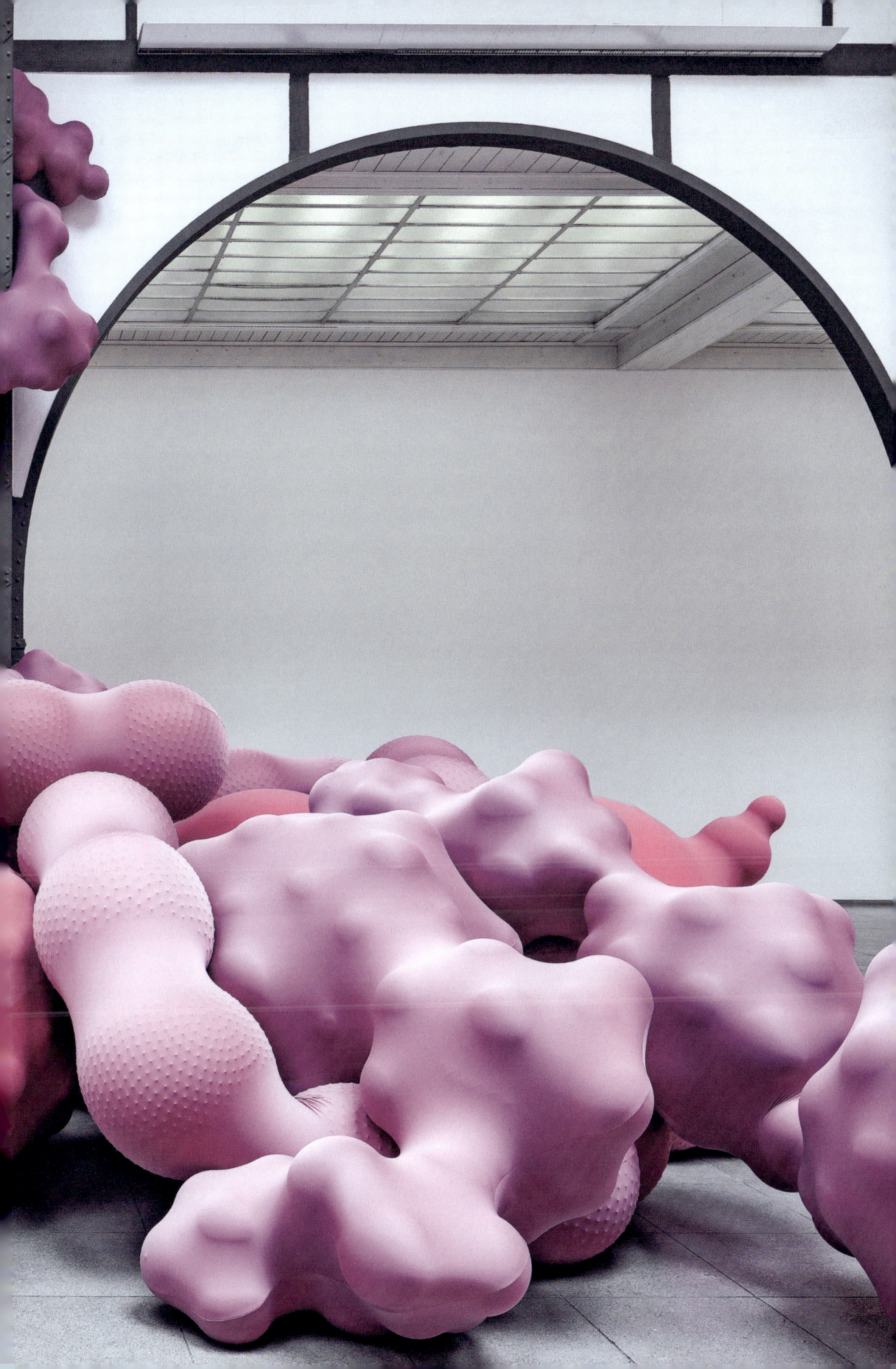

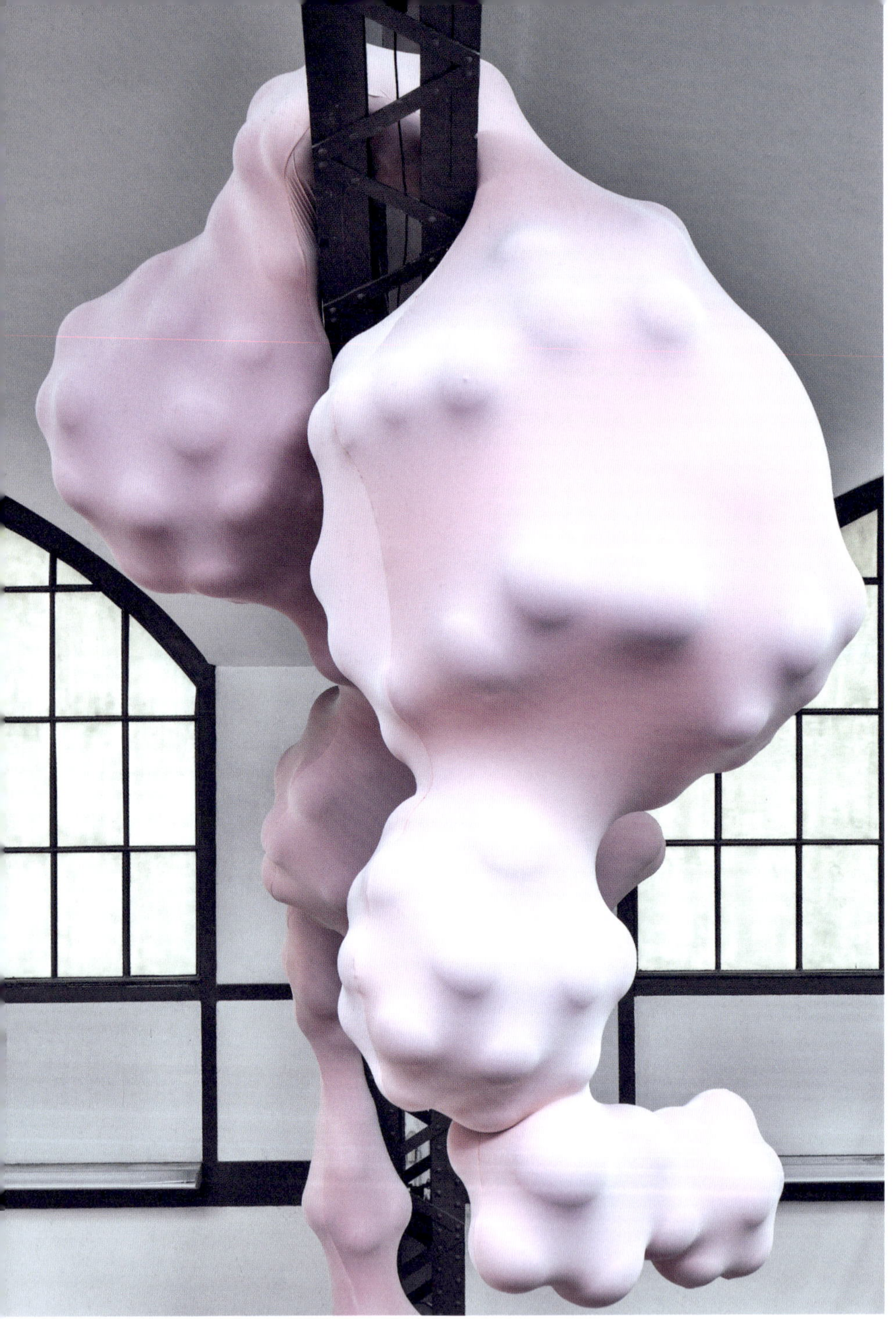

Installationsansicht / installation view
Eva Fàbregas. Devouring Lovers,
Hamburger Bahnhof – Nationalgalerie
der Gegenwart, 2023

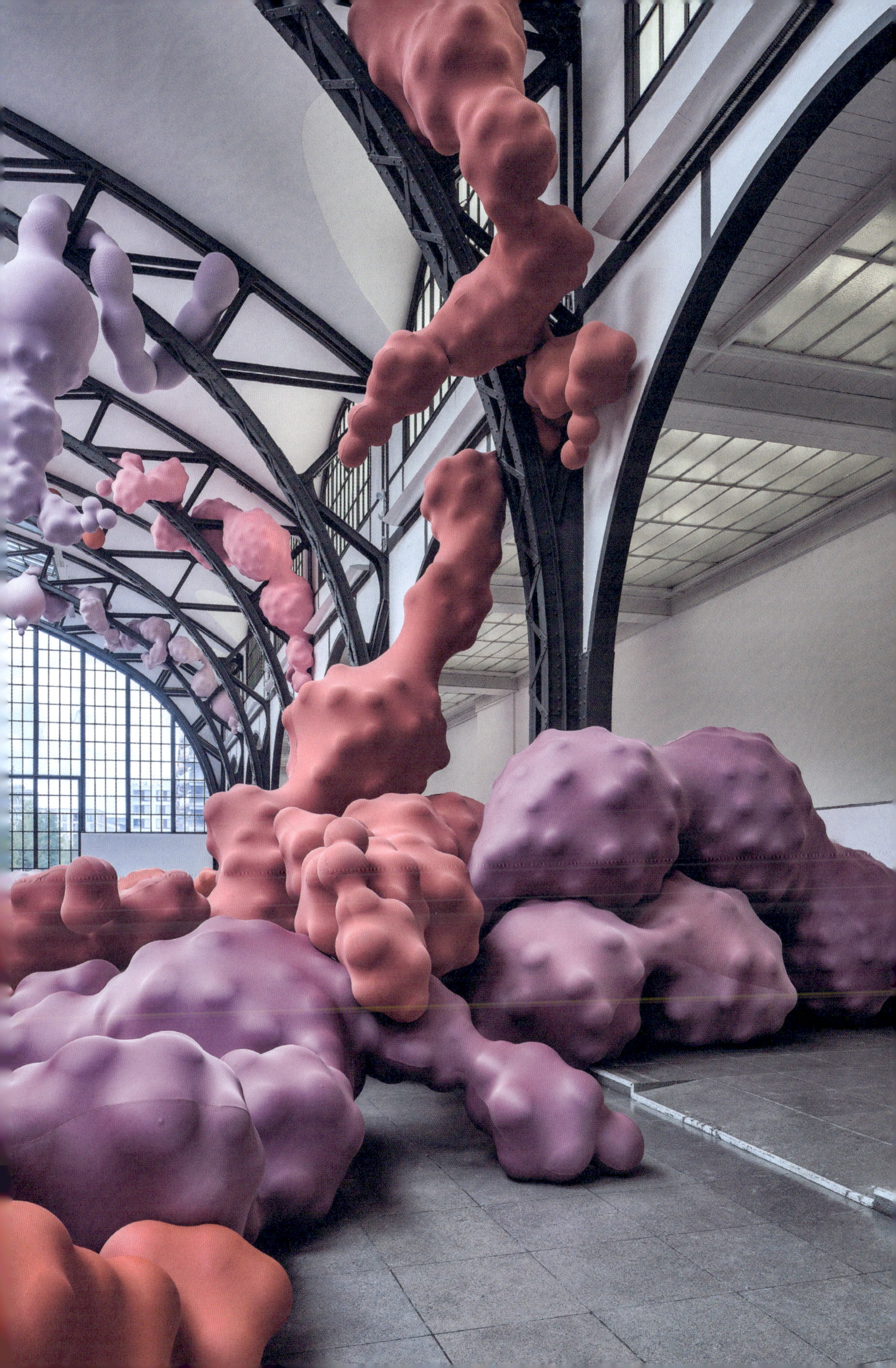

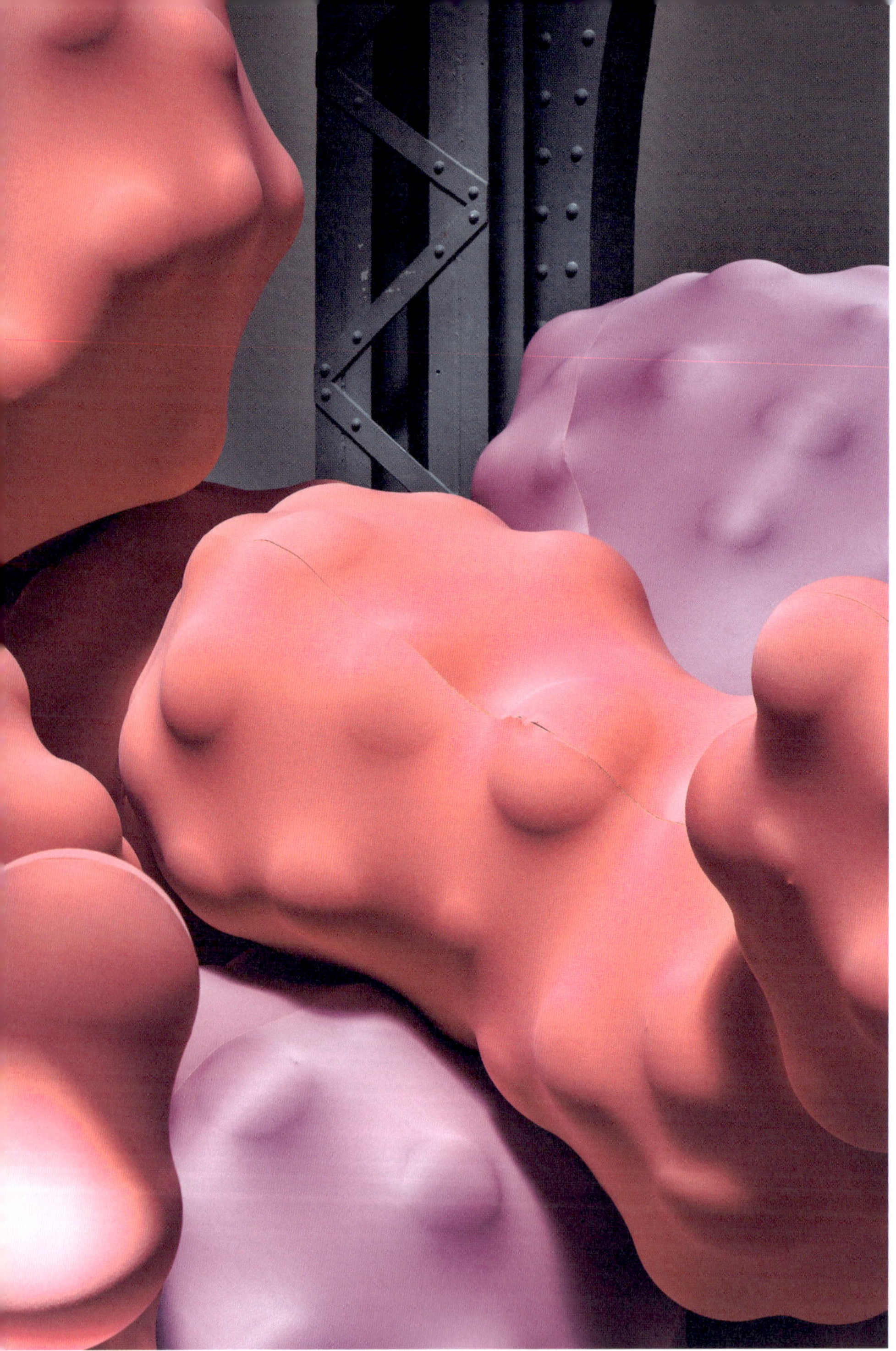

Installationsansicht / installation view
Eva Fàbregas. Devouring Lovers,
Hamburger Bahnhof – Nationalgalerie
der Gegenwart, 2023

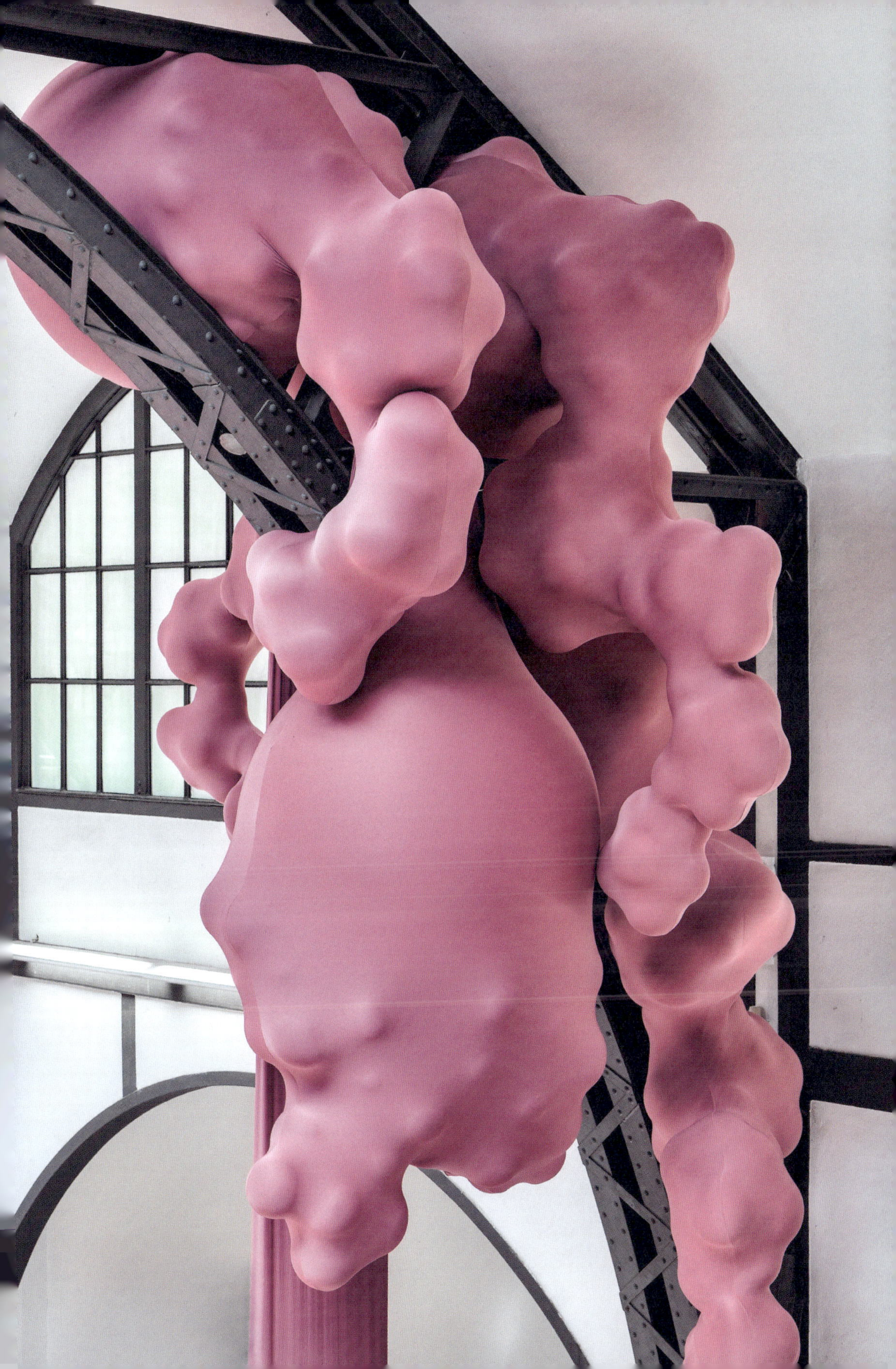

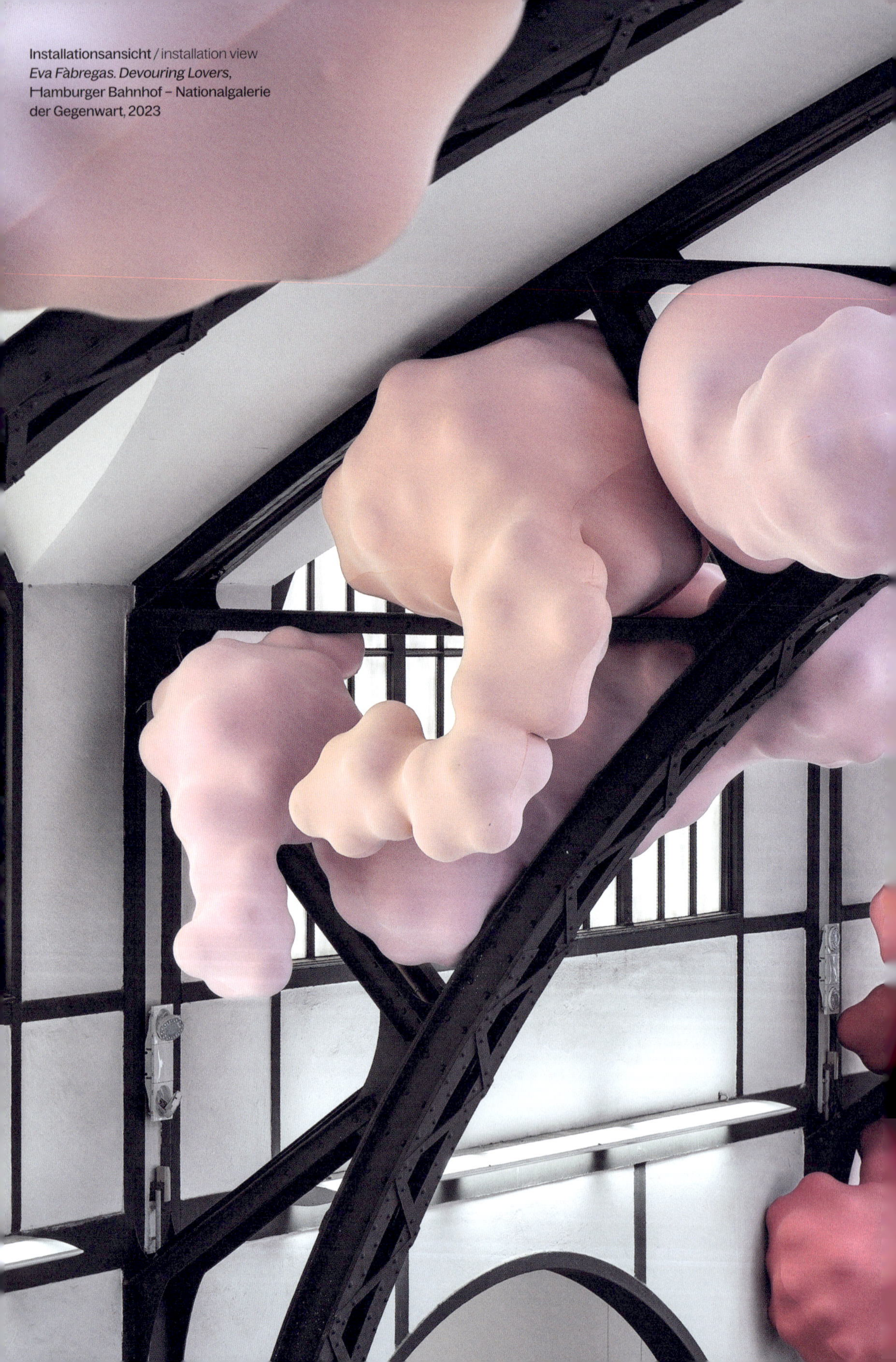

Installationsansicht / installation view
Eva Fàbregas. Devouring Lovers,
Hamburger Bahnhof – Nationalgalerie
der Gegenwart, 2023

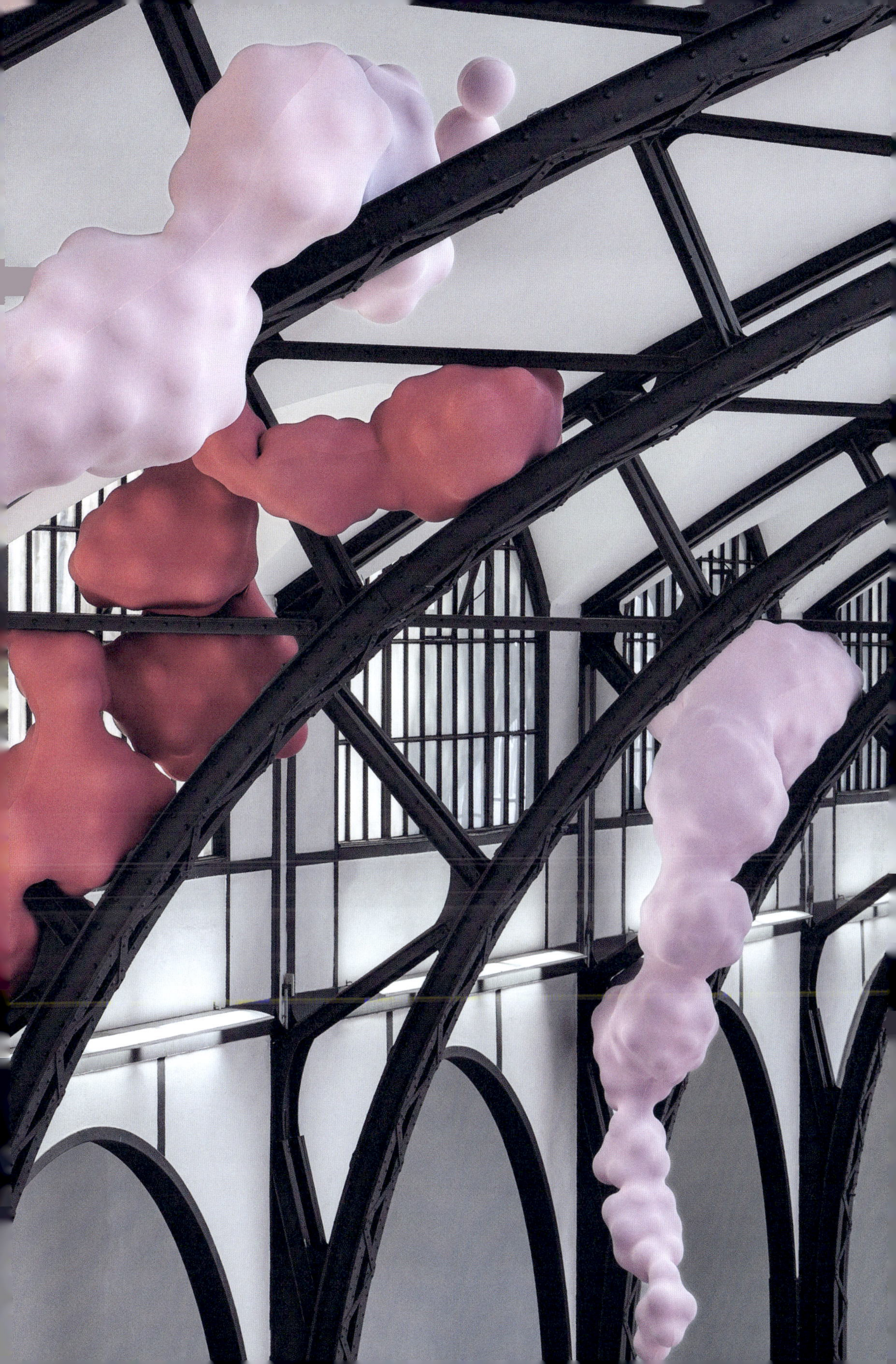

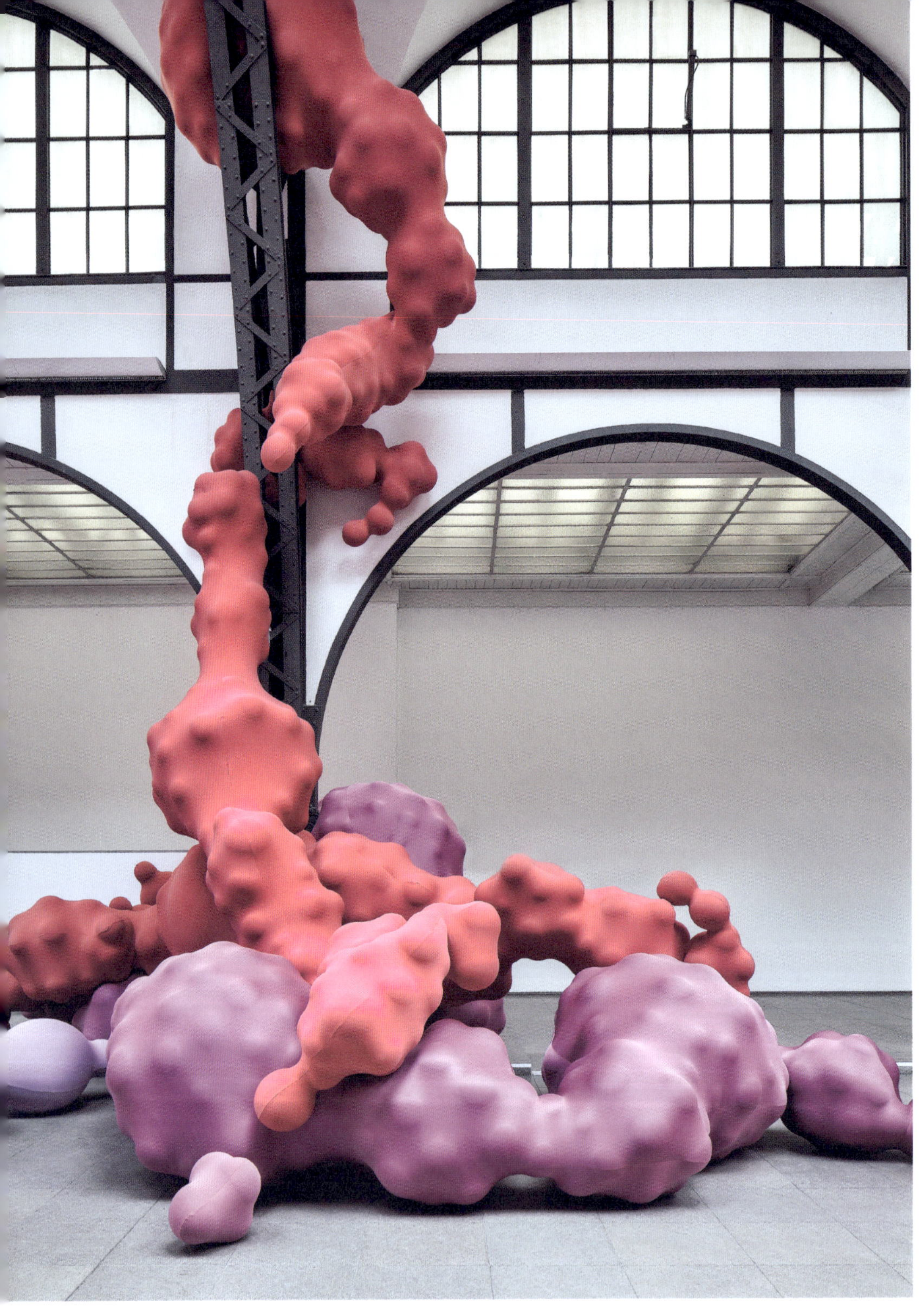

Installationsansicht / installation view
Eva Fàbregas. Devouring Lovers,
Hamburger Bahnhof – Nationalgalerie
der Gegenwart, 2023

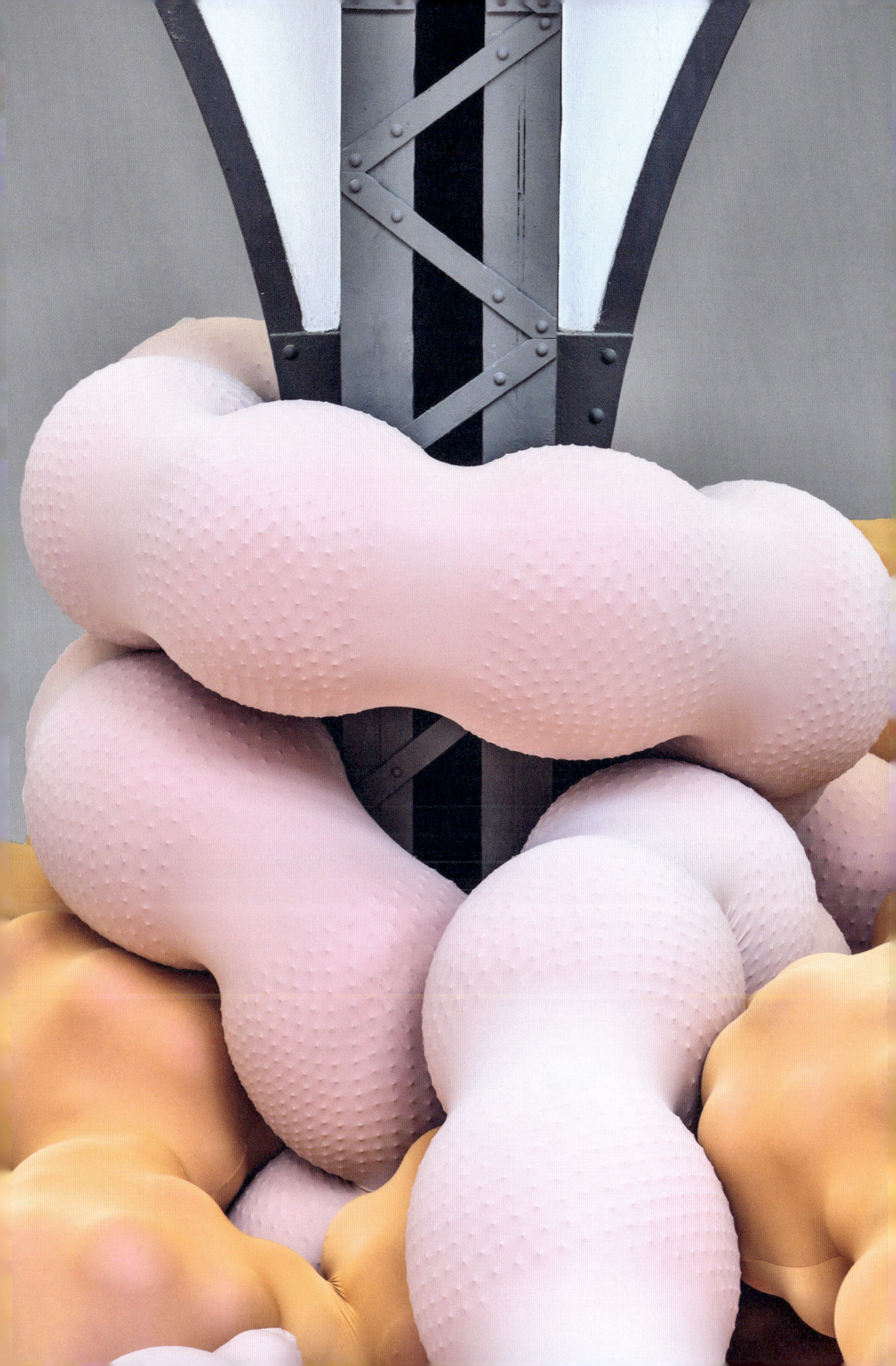

Devouring Architecture / Verschlingende Architektur

Eine Unterhaltung / A Conversation: **Anna-Catharina Gebbers mit** / with **Eva Fàbregas**

Anna-Catharina Gebbers Als Du letztes Jahr den Hamburger Bahnhof besucht hast, um die Ausstellung vorzubereiten, sprachen wir über die Architektur der historischen Haupthalle, in der Deine Ausstellung stattfindet – ihre durch Stahlträger geprägte Ästhetik. Diese wie auch die schiere Größe der Halle sorgen für ein recht maskulines und industrielles Aussehen. Gleichzeitig könnte man sich die Halle als eine Gebärmutter vorstellen, die wiederum häufig mit der Vorstellung des Weiblichen verbunden wird, doch auch im weiteren Sinne als pflegender, nährender Körper – wenn man zum Beispiel an männliche Seepferdchen denkt, die ihre Eier in ihren Brutbeuteln austragen. Oder, wie wir im Museum immer sagen, das Innere des weißen Wals. Könntest Du vielleicht noch ein paar weitere Gedanken zur Architektur des Ausstellungsraumes teilen, die Du hier entwickelt hast?

Anna-Catharina Gebbers When you were visiting Hamburger Bahnhof last year to prepare the exhibition, we discussed the architecture of the historic main hall, where your exhibition takes place – its aesthetics characterized by the steel girders. Those as well as its sheer size create quite a masculine and industrial appearance. At the same time, one could imagine that the hall is a womb, which in turn is often associated with the idea of the feminine, but also in a broader sense as a nurturing, nourishing body – thinking, for example, of male seahorses incubating the eggs in their pouches. Or, as we always say at the museum, the inside of the white whale. Could you perhaps share a few more thoughts you developed regarding the architecture of the exhibition space here?

Eva Fàbregas Ich erinnere mich, dass ich das erste Mal, als ich die Halle des Hamburger Bahnhofs betrat, von der Raumakustik fasziniert war. Erinnerungen an die Zeit, in der ich als Teenager im Chor gesungen habe, kamen zurück. Ein so imposanter Raum wie dieser hat etwas Kirchenhaftes. Jeder Klang, den man am Ende der Halle erzeugt, füllt – wenn er zum anderen Ende wandert – den ganzen Raum aus und erzeugt diese riesige Blase aus Hall, die jeden Winkel des Raums schluckt und in sich verschlingt. Ich fühlte mich wie in einer großen Gebärmutter oder einem Magen, einem lebendigen, atmenden Organismus, der das ganze Gebäude pulsieren ließ, indem er alle Körper in der Halle und dem Gebäude selbst in dieselbe „Blase" hinein- und zusammenbrachte, eine Art Gewebe aus Klang und Schwingung.

Die Halle evoziert Bilder von Verdauung und Trächtigkeit. Man kann sich die moderne Architektur leicht als riesiges Maul oder sogar als Gebärmutter vorstellen, deren fleischige Wände von den Stahlrippen, die das Skelett des Gebäudes bilden, begrenzt werden. Und so habe ich angefangen, mich zu fragen, was es für diesen Organismus heißen würde zu atmen, zu wachsen oder gar trächtig zu sein. Wie arbeitet sein Stoffwechsel? Welche Organe hat er? Hat er einen niedrigeren Pulsschlag als der Mensch? Welches Zeit- und Raumgefühl erlebt dieses Wesen? Unterscheiden sich seine sensorischen Fähigkeiten von unseren? Wie fühlt sich dieses Wesen? Wie nimmt es die Welt um sich herum wahr? Versucht es, mit uns zu kommunizieren?

Meine Vorstellung zu diesem Ausstellungsort ist außerdem durch seine Geschichte als Bahnhof beeinflusst. Von Dampfloks gezogene Züge fuhren unaufhörlich in die und aus der Haupthalle, die wie ein Gefäß für diese mächtigen Maschinen war – eine Art mechanischer Koitus. Im Mittelalter wurden Kirchen oft als „weiblich" aufgefasst, ein geschlechtsspezifischer Architekturkörper, der als Gefäß und sicherer Hafen für die „Herde Gottes" diente. Ähnlich haben auch Bahnhöfe etwas Geschlechtsspezifisches. Diese Meisterleistungen der modernen Technik wurden ent-

Eva Fàbregas The first time I walked into the hall at Hamburger Bahnhof, I remember being fascinated by the acoustics of the room. It brought back memories of singing in a choir as a teenager. There is something church-like about a space as imposing as this one. Any sound you make at one end of the hall fills the entire space as it travels to the other. It creates this massive bubble of reverberation that swallows and devours every corner of the venue. I remember feeling as if I was inside a large-scale womb or stomach. A living, breathing organism that made the entire building pulsate, bringing together all the bodies inside the hall and the building itself into the same "bubble", some sort of connective tissue made of sound and vibration.

The hall evokes images of digestion and gestation. You could easily picture its modern architecture as a massive mouth or even a womb, whose fleshy walls are confined within the steel ribs that make up the skeleton of the building.

> So I began to wonder what it would mean for this organism to breath, to grow or even gestate.

How does its metabolism work? What sort of organs does it contain? Does it have a lower pulse rate than humans? What sense of time and space does this entity experience? Does it have different sensory capacities from us? How does it feel to be this entity? How does it perceive the world around itself? Is it trying to communicate with us?

Something else that was present in my imagination of this venue is its history as a train station. Steam-powered trains would endlessly come in and out of the main hall, which acted as a vessel for these powerful machines—a mechanical coitus of sorts. In the Middle Ages, churches were often conceptualized as being "female", a gendered architectural body that acted as a vessel and safe haven for the "flock of God". Likewise, there is something quite gendered about train stations. These feats of modern engineering were designed to be pene-

worfen, um vom Symbol des Fortschritts und der technischen Entwicklung schlechthin durchstoßen zu werden.

Die Idee einer Gebärmutter, zumindest auf symbolischer Ebene, war schon immer Teil dieser Architektur. Vielleicht war es nun an der Zeit, dass sie ein Eigenleben erhielt statt ein passives Behältnis für eine männliche Fantasie zu sein. Ich wollte dieses Wesen unkontrolliert wachsen sehen. Es wollte diese Architektur stimulieren und ihre lebendige Kraft sehen, uns in die Augen schauen, uns anhauchen. Für diesen Organismus war es an der Zeit, zu pulsieren und sich in alle Richtungen zu vermehren. Um neues Fleisch zu gebären.

> ACG Die Stahlkonstruktion der Haupthalle kann man sowohl mit einem Skelett als auch mit einem insektenartigen Exoskelett vergleichen. Deine Skulpturen scheinen oft genau das Gegenteil einer tragenden Struktur zu sein. Sie hängen, liegen, schmiegen sich an. So sehr Du den unzweideutigen Körper auch ausschließt, scheinen sich Deine Skulpturen doch häufig auf den architektonischen Zusammenhang zu beziehen, sogar speziell auf die Tektonik. Wie reagierst Du genau mit diesen Eigenschaften Deiner Werke auf den Ausstellungsraum als gebaute Umgebung?

EF Die Stahlkonstruktion, die Du ansprichst, sehe ich als eine technische Einfassung des Gebäudes, gleichzeitig trägt sie es aber auch. Wie diese Stahlträger den Raum unterbrechen, hat etwas ziemlich Gewalttätiges. Wie eine Prothese, die den Bau zusammenhält – dazu stelle ich mir Zahnspangen oder kieferorthopädische Vorrichtungen vor, in starker Spannung mit den fleischigeren Konstruktionsmaterialien des Gebäudes.

Unsere Beziehung zu Prothesen kann schmerzhaft intim sein. Körper haben ein tiefes Gedächtnis, das wir nicht immer mit Worten ausdrücken können. Man denke etwa an die sogenannte Phantomglied-Empfindung. Unser Fleisch sehnt sich nach dem, was nicht mehr da ist, aber doch ein Teil von uns bleibt.

trated by the ultimate symbol of progress and technological development.

The idea of a womb, at least on a symbolic level, has always been part of this architecture. Maybe now it was time for it to get a life of its own, instead of being a passive receptacle for a male fantasy. I wanted to see this entity grow uncontrollably. It wanted to excite this architecture and see its vibrant agency, looking back at us, breathing back at us. It was time for this organism to pulsate and multiply in every direction. To give birth to new flesh.

> ACG The steel construction of the main hall could be compared to both a skeleton or an insect-like exoskeleton. Your sculptures often pretend to be exactly the opposite of a supporting structure. They hang, lie, nestle. As much as you exclude the unambiguous body, your sculptures often seem to relate to their architectonic context, even to tectonics in specific. How exactly do you react to the exhibition space as a built environment with these characteristics of your works?

EF I see the steel construction you are referring to as a constraint to the building, as much as it supports it. There is something quite violent about the way these steel beams punctuate the space. It is like a prosthetic device holding the building together—here I am picturing dental brackets or some sort of orthodontic apparatus in stark tension with the fleshier constructive materials of the building.

Our relationship with prosthetics can be painfully intimate. Bodies have a deep memory we cannot always articulate with words. Think for example of the so-called phantom limb syndrome. Our flesh yearns for that which is no longer there, yet still remains a part of us. I had a very similar experience in relation to a prosthetic device—the dental braces I wore for years. I guess you could say that my body developed a weird romance with the stainless steel. In the sense that I still miss its pressure. I often feel its absence... and painfully so! The absence of that supporting structure, that prosthetic exoskeleton, is still present to me. Like an ampu-

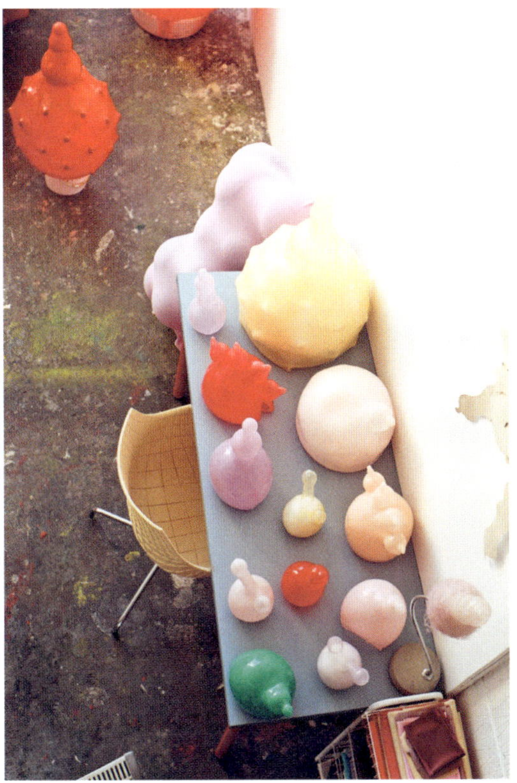

Eva Fàbregas' Atelier / studio, London, 2023

tated limb, if you will. There is anxiety as much as there is a sense of longing and desire linked to this memory. It is a messy love affair between my flesh and the stainless steel.

And that is exactly the kind of messy dynamics I wanted to enact with my new commission for Hamburger Bahnhof. As soon as I saw those monumental steel beams, I knew I wanted to work with them (*with them* as *together with them*—in close collaboration). I immediately pictured my soft, malleable, inflatable sculptures being constrained by these massive beams, which impose a rigid modernist grid with mathematical exactitude. And yet, the organic shapes of my sculptures thrive and proliferate through the arches, knotting around the steel structure just like those weeds that stubbornly insist on sprouting in driveway pavement cracks. An image that kept popping up in my mind is that of Zoe Leonard's 1990s urban landscapes, a series of photographs that documents the resilience of trees that continue to grow amidst man-made fences in the streets, engulfing them.

Mir ging es mal ähnlich mit einer Prothese – die Zahnspangen, die ich jahrelang getragen habe. Mein Körper entwickelte eine seltsame Zuneigung zu dem rostfreien Stahl, könnte man wohl sagen. In dem Sinn, dass ich den Druck noch immer vermisse. Oft spüre ich die Abwesenheit ... und das schmerzhaft! Das Fehlen der stützenden Struktur, dieses prothetischen Exoskeletts, ist mir noch gegenwärtig. Wie ein amputiertes Glied, wenn man so will. Mit dieser Erinnerung ist Angst wie auch ein Gefühl der Sehnsucht und des Verlangens verbunden. Es ist eine chaotische Liebesbeziehung zwischen meinem Fleisch und dem rostfreien Stahl.

Mit der neuen Auftragsarbeit für den Hamburger Bahnhof wollte ich genau diese Art von chaotischer Dynamik vorführen. Als ich diese monumentalen Stahlträger sah, wusste ich, dass ich mit ihnen arbeiten wollte (*mit ihnen* wie *zusammen* – in enger Zusammenarbeit *mit ihnen*). Sofort stellte ich mir meine weichen, geschmeidigen, aufblasbaren Skulpturen vor, wie sie von diesen gewaltigen

ACG I remember walking through the hall with you and letting it affect us, as if we were at the core of an organism – which it is in relation to the museum, but also to the architecture. We looked at the skeletal beams, listened to the sound, and felt the breath of the building. And you discovered all these little things in the building. I especially remember a tiny detail, a hole in the wall that you pointed out, behind a piece of plastic foil that picked up the rhythm of the exhaust system in the restaurant. Your gaze turned the foil into a breathing being, an object with its own agency. You deal with the materials you work with in a similar way. How do you see your relation with material?

EF I think of sculpture as a relational practice. It is only through embodiment and tactile engagement that sculptural thinking can take place. Sculpture is an interplay between our fingers and non-human matter—a conversation, if you will, in which one informs another. My works

Trägern, die mit mathematischer Exaktheit ein rigides, modernes Raster vorgeben, eingeengt werden. Dabei gedeihen die organischen Formen und wuchern durch die Bögen, verknoten sich um die Stahlstruktur wie Unkraut, das hartnäckig in den Pflasterritzen der Einfahrt sprießt. Ein Bild, das mir immer wieder in den Sinn kam, ist das von Zoe Leonards Stadtlandschaften aus den 1990er-Jahren, eine Fotoserie, welche die Widerstandskraft von Bäumen dokumentiert, die zwischen den von Menschen errichteten Zäunen in den Straßen weiterwachsen und sie überwuchern.

ACG Ich erinnere mich daran, wie wir gemeinsam durch die Halle gingen und alles auf uns wirken ließen, als wären wir im Herzen eines Organismus – was es hinsichtlich des Museums, aber auch der Architektur ist. Wir betrachteten die Skelettträger, lauschten dem Klang und spürten den Atem des Gebäudes. Du entdecktest alle diese kleinen Dinge im Gebäude. Mir fällt besonders ein winziges Detail ein, ein von Dir in der Wand entdecktes Loch und davor ein Stück Plastikfolie, das den Rhythmus der Abluftanlage des Restaurants aufnahm. Dein Blick machte aus der Folie ein atmendes Wesen, ein Objekt mit eigenem Handeln. In ähnlicher Weise gehst Du mit den Materialien um, mit denen Du arbeitest. Wie siehst Du Deine Beziehung zum Material?

EF Die Bildhauerei betrachte ich als eine beziehungsbezogene Tätigkeit. Nur durch Ausgestaltung und taktile Beschäftigung kann bildhauerisches Denken überhaupt stattfinden. Bildhauerei ist ein Zusammenspiel zwischen unseren Fingern und nichtmenschlicher Materie – eine Unterhaltung, wenn man so will, bei der das eine das andere beeinflusst. Oft entstehen meine Arbeiten aus einer Beziehung zwischen meinem Körper und den spezifischen Maßstäben und Merkmalen der Architektur eines bestimmten Raums, auf den ich reagiere. Diese Beziehung ist für mich wie ein Lernprozess, in dem ich mich bemühe, den Materialien, mit denen ich arbeite, „zuzuhö-

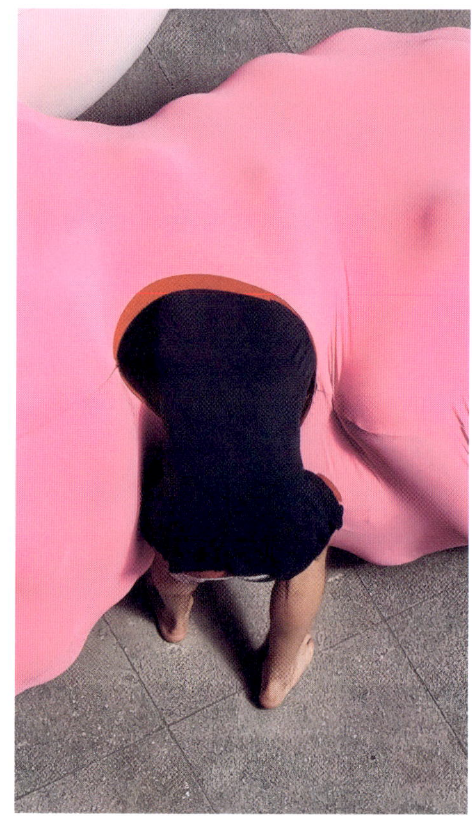

Devouring Lovers, 2023. Installation im Hamburger Bahnhof / installation at Hamburger Bahnhof

often emerge from a relationship between my body and the specific scale and architectural features of a given space I am responding to. I think of this relationship as a learning process, trying my best to "listen" to the materials I work with so that they can become what they want to be. Sculpture is too often understood as an art of "informing matter". Giving shape to materials based on a pre-packaged idea. But it is a lot more productive to think of it as a two-way street, something reciprocal or even symbiotic. I want to let materials shape my process as much as I am shaping them.

I am not interested in designing things or in the idea of completing a project. In fact, I do not feel like my sculptures are ever finished, as they are malleable, always in flux. I see sculpture as a practice that engages with our sense of scale and place, even with our sense of self, creating the conditions for an open-ended conversation between viewers and objects. It is a sort of dance between bodies (human and nonhuman) and the spaces they inhabit.

ren", sodass sie werden, was sie sein wollen. Meistens wird die Bildhauerei als Kunst der „Informationsmaterie" beschrieben, indem man auf Grundlage einer vorgefertigten Idee der Materie Gestalt verleiht. Viel produktiver ist es allerdings, wenn man sie als eine Zweibahnstraße betrachtet, etwas Gegenseitiges oder sogar Symbiotisches. Ich möchte, dass die Materie meinen Prozess ebenso gestaltet wie ich die Materie.

Dinge zu entwerfen oder die Idee, ein Projekt zu vollenden, das interessiert mich nicht. Tatsächlich habe ich nicht das Gefühl, dass meine Skulpturen jemals fertig sind, da sie geschmeidig und immer im Fluss sind. Ich sehe die Bildhauerei als eine Praxis, die auf unseren Sinn für Maßstab und Ort Bezug nimmt, selbst auf unser Selbstempfinden, indem sie die Bedingungen für eine offene Unterhaltung zwischen Betrachter*innen und Objekten schafft. Es ist eine Art Tanz zwischen Körpern (menschlich und nichtmenschlich) und den Räumen, die sie bewohnen. In diesem Sinne sind meine Skulpturen nicht so weit von Prothetik entfernt. Sie werden zu Erweiterungen unserer Körper und der sie umgebenden Architektur. Oder wir werden zu einer Erweiterung von ihnen.

ACG In kunsthistorischer Hinsicht betrachte ich Dein Werk in Beziehung zu Künstler*innen wie Eva Hesse (1936–1970), die auch die Besucher*innen einlud, zu interagieren, sich mit einigen ihrer Werke auseinanderzusetzen und die Werke in gewisser Weise beim schlechten Benehmen zu unterstützen. Auch Du erlaubst Deinen Skulpturen manchmal, sich in ihren eigenen Handlungen und Bewegungen schlecht zu benehmen. Man könnte auch an die Skulpturen von Lee Bontecou (1931–2022) oder sogar Dorothea Tanning (1910–2012) denken, wenn es um Objekte geht, die sich danebenbenehmen und buchstäblich aus dem Rahmen fallen. Oder an die quasiminimalistischen, schwebend wirkenden Skulpturen des amerikanischen Künstlers Robert Breer (1926–2011).

In this sense, I think that my sculptures are not so far from prosthetics. They become an extension of our bodies and the architecture surrounding them. Or maybe it is us who become an extension of them.

ACG In regard to art historical thinking I personally like to think of your work in relation to artists like Eva Hesse (1936-1970), who also invited visitors to interact, to engage with some of her works, and in a way to support the works in misbehaving. You also sometimes allow your sculptures to misbehave through their own agency and movement. One could also think of the sculptures of Lee Bontecou (1931-2022) or even Dorothea Tanning (1910-2012) when it comes to misbehaving objects that also literally slip out of their frames. Or the quasi-minimalistic floating sculptures by the American artist Robert Breer (1926-2011). His motorized mollusks which were made with polystyrene, foam, painted plywood, and fiberglass, produced a kind of mechanical uncertainty. Especially in your work *Self-organising system* (2014) this reference becomes apparent. Could you say what interests you about these different body-based, biomorphic approaches that deal with movement – once through visitors and once through the works' own movement – both as a kind of *„misbehavior"*? To what extent is the distinction between these two forms of movement important for your work?

EV Movement and transformation are central to my practice. I daydream about making sculptures that could pulsate inside a nightclub, dive into the ocean or float in outer space. Sculptures that grow, thrive, sweat, breathe, cuddle, proliferate. No one really knows what a material is capable of. I am interested in soft, malleable and elastic materials because they wish to remain formless. They are endlessly becoming,

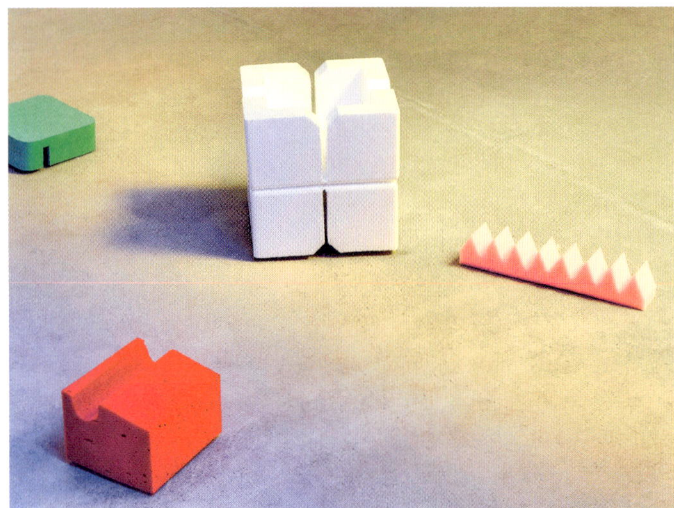

Self-organizing system, 2014. Installationsansicht / installation view Kunstraum, London, 2014

Seine motorisierten Mollusken aus Polystyrol, Schaumstoff, bemaltem Sperrholz und Glasfaser erzeugten eine Art mechanische Unsicherheit. Besonders in Deiner Arbeit *Self-organising system* (2014) wird dieser Bezug deutlich. Könntest Du sagen, was Dich an diesen verschiedenen körperbezogenen, biomorphen Ansätzen interessiert, die sich mit Bewegung beschäftigen – einmal durch die Besucher*innen und einmal durch die den Werken inhärente Bewegung – jeweils als eine Art „Fehlverhalten"? Inwieweit ist die Unterscheidung zwischen diesen beiden Bewegungsformen für Deine Arbeit wichtig?

EF Bewegung und Veränderung stehen im Mittelpunkt meiner Arbeit. Ich träume davon, Skulpturen zu machen, die in einem Nachtclub schwingen, in den Ozean tauchen oder im Weltraum schweben könnten. Skulpturen, die wachsen, gedeihen, schwitzen, atmen, die liebkosen und kuscheln und sich vermehren. Niemand weiß, wozu ein Material in der Lage ist. Ich interessiere mich für weiche, verformbare und elastische Materialien, weil sie formlos bleiben wollen. Unaufhörlich sind sie im Werden und nehmen stets bereitwillig die Veränderung an. Deswegen bin ich auch von Zeichentrickfilmen fasziniert. Eisenstein entwickelte den Begriff *plasmatisch*, um Animation

always embracing transformation. It is the same reason why I am fascinated by cartoons. Eisenstein developed the term *plasmatic* to describe animation. He compared the endless transformation of cartoon bodies to evolutionary biology. He also thought that there was something revolutionary in celebrating this potential for plasmatic change. That is why air has become so central to my practice. Air is never fully at rest.

I really like this idea of "misbehavior". Air is such a misbehaving material. It really has its own agency. It is difficult to contain, not to say impose a particular shape to it. When I am installing my sculptures in the exhibition space, there is always a negotiation taking place. A little bit of a struggle even. My sculptures are stubborn and have a tendency to insist on how and where they want to be installed. It is not always easy to persuade them otherwise.

Air carries *pneuma*, breath, and therefore a direct relationship to the living. Inflatable objects are malleable, fluid, almost formless. They are shape-shifters. The stretchable fabric holding together these inflatables acts as a membrane and becomes an extension of one's skin. They change shape, deform and mutate as viewers touch them or lie on them.

Since we are talking about "misbehavior", I should probably say that childhood has always been, and still is, a key source of inspiration for my work. But of course, I am not talking about the idealized, sanitized, naïve vision of childhood that is often conveyed in mainstream culture. I think it was Freud who said that children are "polymorphously perverse". By this he meant that children are desiring creatures, but their desires are still unformed, therefore flowing erratically in every direction. The desires of children are desires without an object—a means without an end.

This is how I would like to think of my work. I hope it facilitates a space in which "polymorphous perversity" can be enacted. A space for

zu beschreiben. Er verglich die endlose Verwandlung von Körpern im Zeichentrickfilm mit der Evolutionsbiologie. Er dachte auch, dieses Potenzial für plasmatische Veränderung zu feiern sei etwas Revolutionäres. Deswegen ist Luft so wichtig für meine Arbeit. Luft steht niemals ganz still.

Mir gefällt die Idee vom „schlechten Benehmen" wirklich sehr. Luft ist ein sich so schlecht benehmendes Material. Sie hat ihren eigenen Plan. Sie einzugrenzen, um nicht zu sagen, ihr eine Form aufzuzwingen, ist schwer. Wenn ich meine Skulpturen im Ausstellungsraum aufstelle, beginnt immer eine Verhandlung. Fast schon ein Kampf.

Meine Skulpturen sind eigensinnig und bestehen gern darauf, wie und wo sie aufgestellt werden wollen. Es ist nicht immer leicht, sie von etwas anderem zu überzeugen.

Die Luft trägt das Pneuma, den Atem, und hat deshalb eine direkte Beziehung zum Lebendigen. Aufblasbare Objekte sind verformbar, fließend, nahezu formlos. Sie sind Formwandler. Der diese aufblasbaren Objekte zusammenhaltende dehnbare Stoff verhält sich wie eine Membran und wird zu einer Erweiterung der eigenen Haut. Sie wechseln die Gestalt, verformen sich und mutieren, sobald man sie berührt oder auf ihnen liegt.

Da wir über „schlechtes Benehmen" sprechen, sollte ich vielleicht erwähnen, dass die Kindheit immer eine Hauptquelle der Inspiration zu meiner Arbeit war und noch ist. Allerdings spreche ich nicht über die idealisierte, bereinigte, naive Vorstellung von Kindheit, die oft in der Mainstreamkultur vermittelt wird. Freud hat, meine ich, gesagt, dass Kinder „polymorph pervers" seien. Damit meinte er, Kinder seien begehrende Wesen, doch seien ihre Wünsche ungeformt und würden unberechenbar in jede Richtung fließen. Das Verlangen der Kinder sei ein Verlangen ohne Gegenstand – ein Mittel ohne Zweck.

playfulness, if you will. But again, here the challenge is not to think of "play" as something naïve, but rather as this wild, raw, "misbehaving" creative energy that is full of political potential. A potential for plasmatic change!

ACG Air is at the center of your installation here at Hamburger Bahnhof. Air in all its facets as material, as carrier, as elixir of life. This includes breathing. You were trained as a singer and know how important breathing is not only for life itself, but also for all its forms of articulation. How did you decide to have *breathing* and *air* as core aspects of your installation here?

EF I guess breathing and air are always in my mind. I was trained as a soprano from my early childhood to my teenage years. Back then I was part of a quite strict youth choir that toured internationally, recorded albums, film soundtracks, and acted as a backing choir for major opera productions. Singing was a formative experience for me. When it comes to verbal expression, I often feel like a fish out of water. But singing became a doorway into a more embodied form of communication that goes beyond words and language. It was probably then that I first came to think of air as this tangible material I could work with.

A material so protean that it is always changing, and even has the capacity to transform our perception of self and space.

Lately, I have been thinking about biological rhythms and the intimate relationship there is between breathing and speaking. If verbal language consists of an air flux that is molded through our tongues and mouths, then breathing can be regarded as a preverbal form of speaking—one that emerges directly from our lungs. While verbal language is exclusive to a few animal species, breathing is common to most of them. Can we then think of inhaling and exhaling as a preverbal form of communication? Would it draw us closer to other life-forms?

So würde ich auch gern über meine Arbeit denken. Sie ermöglicht hoffentlich einen Raum, in dem „polymorphe Perversion" inszeniert werden kann. Ein Raum für Verspieltheit, wenn man so will. Und auch hier besteht wieder die Herausforderung, bei „Spiel" nicht an etwas Naives zu denken, sondern vielmehr an jene wilde, rohe, sich „schlecht benehmende" kreative Energie, die voller politischem Potenzial ist. Ein Potenzial für plasmatische Veränderung!

ACG Die Luft steht im Mittelpunkt Deiner Installation hier im Hamburger Bahnhof. Luft in all ihren Facetten als Material, als Träger, als Lebenselixier. Dies schließt die Atmung mit ein. Du bist ausgebildete Sängerin und weißt, wie wichtig die Atmung nicht nur für das Leben selbst, sondern auch für alle seine Artikulationsformen ist. Wie kam es zu der Entscheidung, hier das Atmen und die Luft als Kernaspekte Deiner Installation zu verwenden?

EF Atmen und Luft sind mir immer präsent. Von früher Kindheit bis zu meinen Teenagerjahren wurde ich als Sopran ausgebildet. Ich war damals Teil eines recht strengen Jugendchores, der weltweit auf Tourneen ging, Alben und Filmmusik aufnahm und an bedeutenden Opernproduktionen als Begleitchor teilnahm. Singen war eine prägende Erfahrung für mich. Wenn es darum geht, sich verbal auszudrücken, fühle ich mich oft wie ein Fisch auf dem Trockenen. Singen erwies sich als der Weg zu einer körperlicheren Form der Kommunikation, die über Worte und Sprache hinausgeht. Vermutlich war das auch der Moment, an dem ich zum ersten Mal daran dachte, Luft als berührbares Material zu sehen, mit dem ich arbeiten könnte. Ein Material, so veränderlich, dass es sich immerzu wandelt und sogar unsere Selbstwahrnehmung und die Wahrnehmung des Raumes verändern kann.

In letzter Zeit habe ich über biologische Rhythmen und die enge Beziehung zwischen Atmen und Sprechen nachgedacht. Wenn die verbale Sprache aus einem Luftstrom besteht, der durch die Zunge und den Mund geformt

Could this maybe help us find new ways of bonding with non-humans and relating to the world around us? Maybe something as simple as breathing could be instrumental to experiment with more empathetic forms of care and communications that go beyond our definition of the human.

On the other hand, air and breathing also carry with it all sorts of social anxieties around toxicity, pollution and contagion. Air is essential for life but is also a vector for sickness and death. Poet and writer Daisy Lafarge has written about the strange beauty of aerosol-polluted skies:

"Dust, moisture and aerosolised matter scatter the spectrum from red to pink. (...) Rosy sky when the light hits the clouds, and yet nothing in this equation is objectively pink; pink is a trick of light mixed with air, a trompe l'oeil of substance that allays with its style. The dirtier the air the pinker the blush. Atmospheric powder, molecular mist. Feminine in so far as it remains illusory; a transubstantiation of dirt, spinning the air to gold."[1]

ACG Daisy Lafarge explores, among other things, the close relationship between air, breathing and voice. In *The ambivalence of air*, she mentions the yogic practice of focused breath, Pranayama:

"The Sanskrit word is composed of prana, meaning 'vital life force', and yama, meaning 'control'. Through a variety of practices, pranayama is an active suspension of the breath with the intention of clearing blockages in the body and allowing its energies to flow. In recent years pranayama has attained something of a mainstream popularity, thanks to its proven effects on calming the nervous system, decreasing stress, reducing high blood pressure and improving lung function, including a reduction of 'dead space' in the lungs".[2]

Pranayama is a practice of care and self-care, but also of mindfulness. Could one say that your works in a way invite you to open up through *mindfulness*? I would suggest that your work expands

wird, dann kann man die Atmung als eine vorsprachliche Form des Sprechens betrachten – eine, die unmittelbar aus unseren Lungen kommt. Während nur wenige Tierarten die Fähigkeit zu verbaler Sprache haben, kommt die Atmung bei den meisten von ihnen vor. Können wir uns Einatmen und Ausatmen daher als eine vorsprachliche Form der Kommunikation vorstellen? Würde es uns anderen Lebensformen näherbringen? Könnte uns dies möglicherweise helfen, neue Wege der Verbindungen mit Nichtmenschen und der Beziehungen zur Welt um uns herum zu finden?

Vielleicht könnte etwas so Einfaches wie das Atmen helfen, empathischere Formen der Fürsorge und der Kommunikation auszuprobieren, die über unsere Definition des Menschlichen hinausgehen.

Andererseits bringen die Luft und der Atem verschiedene soziale Ängste hinsichtlich Giftigkeit, Verschmutzung und Ansteckung mit sich. Luft ist lebenswichtig, aber auch ein Überträger von Krankheit und Tod. Die Dichterin und Schriftstellerin Daisy Lafarge hat über die seltsame Schönheit des durch Aerosole verschmutzten Himmels geschrieben:

„Staub, Feuchtigkeit und Aerosole streuen das Spektrum von Rot bis Rosa. […] Wenn das Licht auf die Wolken trifft, ist der Himmel rosa und doch ist nichts in dieser Gleichung tatsächlich rosa; das Rosa ist ein Trick des mit Luft gemischten Lichts, ein Substanz-Trompe l'oeil, das durch seinen Stil beschwichtigt. Je schmutziger die Luft, desto rosiger die Röte. Atmosphärischer Puder, molekularer Nebel. Feminin insoweit als es illusorisch bleibt; eine Transsubstantiation des Schmutzes, die Luft zu Gold spinnen.“[1]

ACG Daisy Lafarge spürt auch der engen Beziehung zwischen Luft, Atmung und Stimme nach. In „Die Ambivalenz der Luft

the physical in a more radical way: It is not so much about mind and body, but about the somatic and the tactile. Another poetic thinker that is important to you is Paul B. Preciado. In "On the Verge" he states:"Modern ideas of justice, freedom, and equality are still too often based on a patriarchal, gender-binary, and racist consensus. I would rather speak of the somatic-political lumpen of the world (a radical multiplicity of living bodies and organisms out of which energy is extracted through a variety of different governmental techniques) becoming a new political force (and yet not a single subject or identity) for planetary transformation."[3]

Would you say that in regard to your work, the difference between the bodily and the somatic implies a political difference?

EF I guess what I am trying to reach is a more somatic and embodied way of learning and communicating with the world around us. In its hierarchy of the sensorial, Western modernity deems touch and tactile experience as being a base, primal or even "primitive" sense—that is, far below sight or hearing. We have been educated in a cultural environment that undermines our ability to learn in an intuitive manner. We tend to forget how enormously important is the knowledge that comes from our fingers, from a direct engagement with matter. In general, we pay little attention to anything that does not happen right in front of our own eyes. How aware are we of the inner rhythms, affects and cadences of our own organism? Have you ever felt a song in your stomach?

1 Daisy Lafarge, *Six Airs for Eva*, 2023. Eva Fábregas „Enredos“ Publikation. Fundación Botín-Mousse Publishing.

1 Daisy Lafarge, *Six Airs for Eva*, 2023, Eva Fábregas „Enredos“ publication, Fundación Botín-Mousse Publishing.
2 Daisy Lafarge, "The ambivalence of air", in: *wellcome collection*, https://wellcomecollection.org/articles/YxcXNhEAACMAkfYx [accessed on May 15, 2023].
3 Paul B. Preciado, "On the Verge", in: *Artforum* 58:10, July/August 2020, pp. 94–101, p. 99.

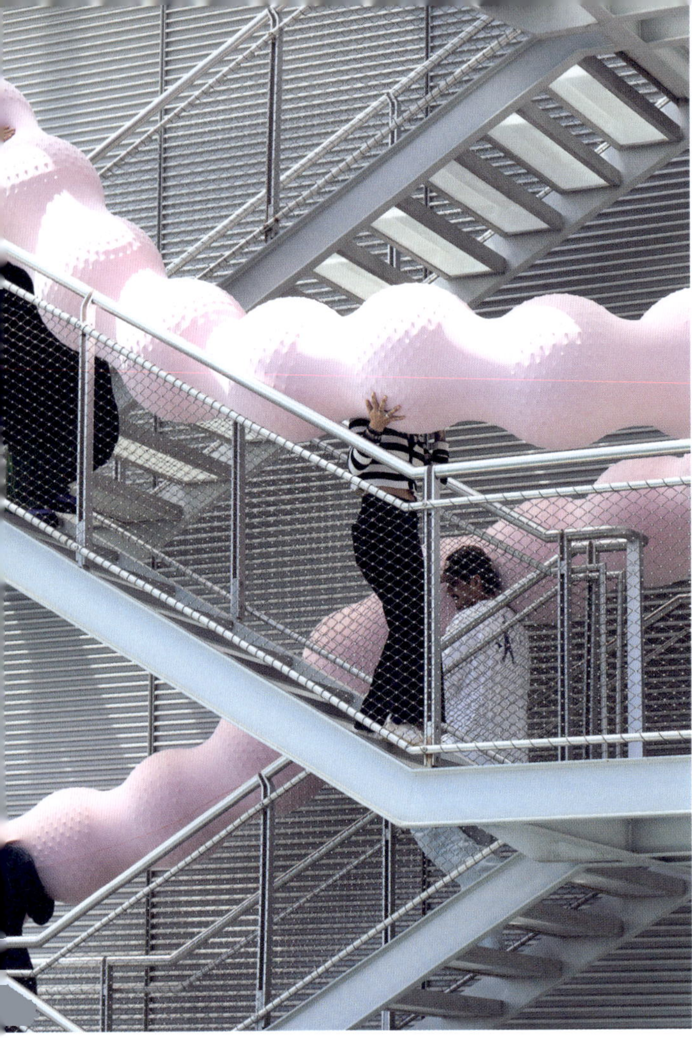

Oozing, 2023. Installation im / installation at Centro Botín, Santander, 2023

(The ambivalence of air)", erwähnt sie das Pranayama, die Praxis der fokussierten Atmung im Yoga:

„Das Sanskrit-Wort besteht aus prana, was ‚Lebenskraft', und yama, was ‚Kontrolle' bedeutet. In einer Vielzahl von Übungen ist Pranayama eine aktive Beruhigung des Atems mit dem Ziel, Blockaden im Körper zu lösen und seine Energien fließen zu lassen. In jüngster Zeit hat Pranayama so etwas wie Mainstream-Popularität erlangt, dank seiner erwiesenen Wirkungen zur Beruhigung des Nervensystems, der Stressminderung, der Blutdrucksenkung sowie der Verbesserung der Lungenfunktion einschließlich der Verminderung des ‚Totraumvolumens' in der Lunge".[2] Pranayama ist eine Übung der Behandlung und der Selbstfürsorge, aber

More than anything, my work is about learning through my fingers, through my body. It is about trusting the intuitive knowledge that comes from a direct engagement with the world around us. I feel so strongly about the capacity of art to propose new ways of sensing and experiencing the world beyond language, new modes of relating to each other through our senses. We do not listen to our hands and bodies enough. We should ask them more questions and then listen generously to what they have to say. Our skin tells us things that we are not always ready to hear. We should think of our bodies as extended eardrums!

ACG This made me think of another text that is important for you: *Amnesty* by the American Science-Fiction author Octavia E. Butler. The short story opens up a post-

auch der Achtsamkeit. Könnte man sagen, dass Deine Arbeiten in gewisser Weise dazu einladen, sich durch Achtsamkeit zu öffnen? Ich würde meinen, dass Deine Arbeit das Physische auf noch radikalere Weise ausdehnt: Es geht nicht so sehr um Geist und Körper, sondern um das Somatische und das Taktile. Ein weiterer poetischer Denker, der für Dich wichtig ist, ist Paul B. Preciado, der in „An der Schwelle (On the Verge)" feststellt:

„Moderne Vorstellungen von Gerechtigkeit, Freiheit und Gleichheit beruhen noch zu oft auf einem patriarchalen, geschlechtsspezifischen und rassistischen Konsens. Lieber würde ich von einem somatisch-politischen Lumpen der Welt sprechen (einer radikalen Vielzahl lebender Körper und Organismen, aus denen Energie durch viele verschiedene Regierungstechniken extrahiert wird), der zu einer neuen politischen Kraft (gleichwohl kein einzelnes Subjekt oder keine einzelne Identität) der planetarischen Veränderung wird."[3]

Würdest Du sagen, dass in Hinblick auf Dein Werk der Unterschied zwischen dem Körperlichen und dem Somatischen einen politischen Unterschied enthält?

EF Mir geht es um einen eher somatischen und körperbezogenen Weg des Erfahrens und Kommunizierens mit der Welt um uns herum. In ihrer Hierarchie des Sensorischen hält die westliche Moderne das Berühren und die taktile Erfahrung für einen niederen, frühen oder sogar „primitiven" Sinn – der weit hinter dem Sehen oder Hören folgt. Wir wurden in einer kulturellen Umgebung erzogen, die die Fähigkeit des intuitiven Lernens unterläuft. Wie enorm wichtig das Wissen ist, das aus unseren Fingern kommt, aus der unmittelbaren Auseinandersetzung mit Materie, vergessen wir gern. Allgemein schenken wir allem, das nicht direkt vor unseren Augen stattfindet, wenig Aufmerksamkeit. Wie sehr sind uns innere Rhythmen, Affekte und die Stimmungen unseres Organismus bewusst? Hast Du jemals ein Lied in Deinem Bauch gespürt?

humanist perspective in which human existence and subjectivity are defined on the basis of a reciprocal, non-hierarchical relationship between human and non-human worlds. *Amnesty* is about a Black woman's mission to connect alien plant-like communities with human societies. This main protagonist, called Noah, was abducted by these communities as a child. And a typical twist in Octavia Butler's stories: although she was treated like a laboratory experiment by the aliens (referred to by Butler as the Communities), the protagonist explains that she had never experienced such cruelty as she did when, upon her release, she was abducted and tortured by her own government. Because of her experiences with both the aliens and the humans, she is able to act as a translator between them. Above all, she describes the practice of being physically enfolded by the Communities:

"'The Communities feel better when they enfold us. We feel better too. I guess that's only fair. The ones among them who are having trouble adjusting to this world are calmed and much improved if they can enfold one of us now and then.' She thought for a moment. 'I've heard that for human beings, petting a cat lowers our blood pressure. For them, enfolding one of us calms them and eases what translates as a kind of intense biological homesickness.'"[4]

What is your relationship with Octavia E. Butler?

2 Daisy Lafarge, „The ambivalence of air", in: *wellcome collection,* https://wellcomecollection.org/articles/YxcXNhEAACMAkfYx, zuletzt abgerufen am 15.5.2023

3 Paul B. Preciado, „On the Verge", in: *Artforum* 58:10, Juli/August 2020, S. 94–101, S. 99.

4 Octavia E. Butler, "Amnesty", in: *Callaloo* 27:3 (Summer 2004), pp. 597-615, https://occourses.weebly.com/uploads/6/1/5/1/6151956/butler_amnesty.pdf [accessed on May 15, 2023].

Vor allem anderen geht es bei meiner Arbeit darum, durch meine Finger und durch meinen Körper zu lernen. Dem intuitiven Wissen zu trauen, das aus einer direkten Auseinandersetzung mit der Welt um uns herum stammt. Mir liegt viel an der Möglichkeit der Kunst, neue Wege zu imaginieren, wie die Welt jenseits der Sprache gefühlt und erlebt werden kann, und neue Verfahren zu entwickeln, sich aufeinander durch unsere Sinne zu beziehen. Wir hören nicht genug auf unsere Hände und Körper. Wir sollten sie mehr befragen und aufgeschlossener für das sein, was sie zu sagen haben. Unsere Haut verrät uns Dinge, die wir nicht so gern hören. Wir sollten unseren Körper als erweitertes Trommelfell betrachten!

ACG Das lässt mich an einen anderen für Dich wichtigen Text denken: „Amnestie (Amnesty)“ von der amerikanischen Science-Fiction-Autorin Octavia E. Butler. Die Kurzgeschichte eröffnet eine posthumanistische Perspektive, in der die menschliche Existenz und Subjektivität auf der Basis einer wechselseitigen, nichthierarchischen Beziehung zwischen menschlicher und nichtmenschlicher Welt definiert werden. „Amnestie (Amnesty)“ handelt von der Mission einer Schwarzen Frau, außerirdische pflanzenähnliche Gemeinschaften mit menschlichen Gesellschaften zu verbinden. Die Protagonistin Noah wurde als Kind von diesen Gemeinschaften verschleppt. Und eine typische Wendung in Butlers Geschichten: Obwohl sie von den Außerirdischen wie ein Laborexperiment behandelt wurde, erklärt die Protagonistin, dass sie noch nie solche Grausamkeiten erlebt hat, wie nach ihrer Freilassung, als sie von ihrer eigenen Regierung entführt und gefoltert wurde. Wegen ihrer Erfahrungen sowohl mit den Außerirdischen als auch mit den Menschen ist sie in der Lage, als Übersetzerin zwischen ihnen zu vermitteln. Vor allem beschreibt sie den Brauch, von den Gemeinschaften physisch eingehüllt zu werden:

EF I cannot even think of my practice without the influence of Butler's fiction. She is, of course, such a gifted storyteller, but also someone who pushes my imagination into a thousand new directions. Every time I reread any of her books, new details and possibilities emerge that I had not seen before. More than anything, what I find in Butler's fiction is a hopeful, more empathetic and integrated way of thinking about the future of science and technology. But also a nourishing perspective on the future of life (and love) itself. Take for example her *Xenogenesis* series. The alien life-forms she imagined there have evolved through symbiosis and co-evolution with a thousand other species. Sensorial experience plays a central role in these creatures' thinking, which is inseparable from their fleshy entanglements with other organisms and the world around them. For these alien creatures, learning and communication are haptic processes. Knowledge takes place at the level of the skin. Even their technology is based on biological processes that exist in close interdependence with other animals and plants. This symbiotic entanglement with other species and technology helps us zoom out from our human-centric perspective and open up different ways of looking at the familiar, and imagining our futures.

ACG In her essay *The ambivalence of air* Daisy Lafarge discusses air as a cure that comes with contradictions. She points out that for human beings air is not only nourishing because they need oxygen, but also quite threatening: Hypocrates already pointed out that for example living in cities with hot summer winds makes "heads and digestive organs full of phlegm, [...], a condition that augurs certain illnesses (asthma, chills, chronic fever), while those living in cities facing the cold winds over winter [...] prone to internal lacerations, inflammations of the eye, infections and nosebleeds".[5] Your sculptures at Hamburger Bahnhof do not only move and breath in a way through their colors, also true joy becomes palpable. But the mushrooming of the forms, the unclassifiable move-

„Wenn sie uns umhüllen, fühlen sich die Gemeinschaften besser. Wir fühlen uns auch besser. Das ist nur fair, denke ich. Diejenigen von ihnen, die Schwierigkeiten haben, sich an diese Welt anzupassen, sind beruhigt und fühlen sich besser, wenn sie ab und zu eine(n) von uns umarmen können.' Für einen Moment dachte sie nach. ‚Von den Menschen habe ich gehört, dass eine Katze zu streicheln unseren Blutdruck senkt. Bei ihnen ist es so, dass es sie beruhigt, wenn sie eine(n) von uns umhüllen, und dies eine Art starkes biologisches Heimweh lindert." [4]

Wie ist Deine Beziehung zu Octavia E. Butler?

EF Ohne den Einfluss von Butlers Romanen kann ich mir meine Arbeit gar nicht vorstellen. Natürlich ist sie eine begnadete Geschichtenerzählerin, aber sie ist auch jemand, der meine Vorstellungskraft in tausend neue Richtungen treibt. Immer wenn ich eines ihrer Bücher neu lese, tauchen neue Details und Möglichkeiten auf, die ich vorher nicht bemerkt habe. Was ich in Butlers Romanen vor allem finde, ist eine hoffnungsvollere, empathischere und ganzheitlichere Betrachtung der Zukunft von Wissenschaft und Technologie. Und auch eine nährende Perspektive auf die Zukunft des Lebens (und der Liebe) selbst. Nehmen wir zum Beispiel ihre *Xenogenesis*-Serie. Die von ihr darin erdachten außerirdischen Lebensformen haben sich durch Symbiose und Koevolution mit tausend anderen Arten entwickelt. Sinnliche Erfahrung spielt im Denken dieser Kreaturen, das von den fleischlichen Verbindungen mit anderen Organismen und der sie umgebenden Welt nicht zu trennen ist, eine zentrale Rolle. Diese außerirdischen Lebewesen kennen Lernen und Kommunikation nur als haptische Prozesse. Wissen findet auf der Ebene der Haut statt. Selbst die Technologie basiert auf in enger Wechselbeziehung mit anderen Tieren und Pflanzen stattfindenden, biologischen Prozessen. Diese symbiotische Verflechtung mit anderen Lebewesen und mit der Technologie hilft uns, die anthropozentrische Perspektive zu verlassen und neue Sicht-

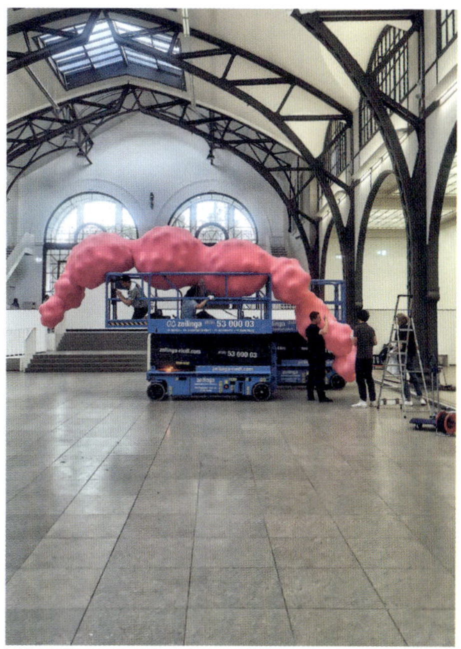

Devouring Lovers, 2023. Installation im Hamburger Bahnhof / installation at Hamburger Bahnhof

ments, the idea of contamination, migration, uncontrollable growth, the sheer size of the installation also stir up fears – fears of the unknown, of the unmanageable. Can you perhaps say something about this ambivalence that your works evoke? Why is this important to you?

EF The title of this exhibition comes from a fascinating text by Daisy Lafarge called *We eat each other up*. She describes the cannibalistic mating of two praying mantises as devouring lovers. And I think this ambivalence is embedded in the extraordinarily violent, yet also desired coitus of this insect species, as well as in the two words that Daisy chose to describe it—"Devouring Lovers". A similar dynamic takes place in my work. There is an ongoing, unresolved, hopefully productive tension between that which is captivating yet menacing, caring yet violent, loving and devouring.

4 Octavia E. Butler, „Amnesty", in: *Callaloo* 27:3 (Sommer 2004), S. 597-615, https://occourses.weebly.com/uploads/6/1/5/1/6151956/butler_amnesty.pdf, zuletzt abgerufen am 15.5.2023

5 Ibid., p. 613.

weisen auf das Vertraute zu erschließen, und sich unsere Zukunft vorzustellen.

ACG In ihrem Essay „Die Ambivalenz der Luft (The Ambivalence of Air)“ schildert Daisy Lafarge die Luft als mit Widersprüchen behaftetes Heilmittel. Die Luft ist für den Menschen, da er Sauerstoff braucht, nicht nur nährend, betont sie, sondern auch bedrohlich. Schon Hippokrates habe zum Beispiel festgestellt, dass das Leben in Städten mit heißen Sommerwinden die „Köpfe und Verdauungsorgane voller Schleim macht, [...] eine Verfassung, die bestimmte Krankheiten (Asthma, Erkältung, chronisches Fieber) ankündigt, während diejenigen, die in Städten leben, die im Winter kalten Winden ausgesetzt sind [...] zu inneren Verletzungen, Augenentzündungen und Nasenbluten neigen“.[5] Deine Skulpturen im Hamburger Bahnhof bewegen sich nicht nur und atmen in gewisser Weise, vielmehr wird durch ihre Farben echte Freude spürbar. Doch das Wuchern der Formen, die nicht einordenbaren Bewegungen, die Idee der Kontamination, der Migration, des unkontrollierbaren Wachstums, die schiere Größe der Installation wecken auch Ängste – Ängste vor dem Unbekannten, vor dem Unkontrollierbaren. Könnest Du vielleicht etwas zu dieser Ambivalenz sagen, die Deine Werke hervorrufen? Warum ist das für Dich wichtig?

EF Der Titel dieser Ausstellung stammt aus einem grandiosen Text von Daisy Lafarge mit dem Titel „Wir fressen uns gegenseitig auf“. Sie beschreibt die kannibalistische Paarung zweier Gottesanbeterinnen als einander verschlingende Liebende. Diese Ambivalenz ist meiner Ansicht nach in den außergewöhnlich gewaltsamen, wenn auch gewollten Koitus dieser Insektenart eingebettet, ebenso wie in die beiden Worte, mit denen Daisy es beschrieb – „Verschlingende Liebende“.

Eine ähnliche Dynamik vollzieht sich in meiner Arbeit. Es gibt darin eine unaufgelöste, hoffentlich produktive Spannung zwischen

There is a tenderness to my sculptures, that is for sure. But there is also a sense of danger in encountering an organism that feels so alien to us.

What drives my new commission at Hamburger Bahnhof is the potential, but also the danger that lies within the idea of uncontrollable growth and proliferation. In some sense, I think the exhibition is a celebration of resilient life, which stubbornly insists to thrive, persist and multiply in ways and places where it was not supposed to. For this exhibition, my sculptures take the form of an infection or an uncontrollable growth taking over the building. There is something quite joyful, I think, about these bulbous, organic shapes crawling around and messing up with the heroic, imposing, hubristic architecture of this old train station—a feat of modern engineering. But there is something menacing about it too. Biological growth processes are so ambivalent in nature. Growth applies both to a fresh lettuce growing in your garden or a malignant tumor eating your insides. I guess the same goes for air and oxygen. It is a source of life as much as it corrodes matter and causes death by oxidation. Think of scuba divers—an excess of oxygen can be lethal!

dem, was fesselnd doch bedrohlich, fürsorglich und doch gewalttätig, liebend und verschlingend ist. Meine Skulpturen haben ganz sicher etwas Zärtliches. Ebenso ist da ein Gefühl von Gefahr, wenn man einem Organismus begegnet, der uns so fremd erscheint.

Meine Auftragsarbeit für den Hamburger Bahnhof ist durch das Potenzial, aber auch durch die Gefahr, die in der Idee eines unkontrollierten Wachstums und der Vermehrung liegen, geprägt. Die Ausstellung ist in gewisser Weise eine Feier des widerstandsfähigen Lebens, das hartnäckig darauf besteht, auf eine Art und Weise und an Stellen zu gedeihen, fortzubestehen und sich zu vermehren, wo es das nicht sollte. Meine Skulpturen nehmen in dieser Ausstellung die Form einer das Gebäude befallenden Infektion oder eines unkontrollierbaren Wachstums an. Diese hier umherkrabbelnden bauchigen, organischen Formen, welche die heroische, imposante, dominante Architektur des historischen Bahnhofs aufmischen – eine Meisterleistung der industriellen Technik –, haben etwas recht Fröhliches an sich, finde ich. Aber zugleich ist da auch etwas Bedrohliches. Biologische Wachstumsprozesse sind an sich sehr ambivalent. Wachstum bewirkt sowohl das Heranreifen eines frischen Salats in Deinem Garten als auch einen bösartigen Tumor, der Deine Eingeweide auffrisst. Dasselbe gilt für Luft und Sauerstoff. Er ist genauso eine Quelle des Lebens wie er auch Materie zersetzt und durch Oxidation zum Tod führt. Man denke an Taucher – ein Übermaß an Sauerstoff kann tödlich sein!

---

5 Ebenda, S. 613.

Übersetzt aus dem Englischen von Katrin Boskamp-Priever

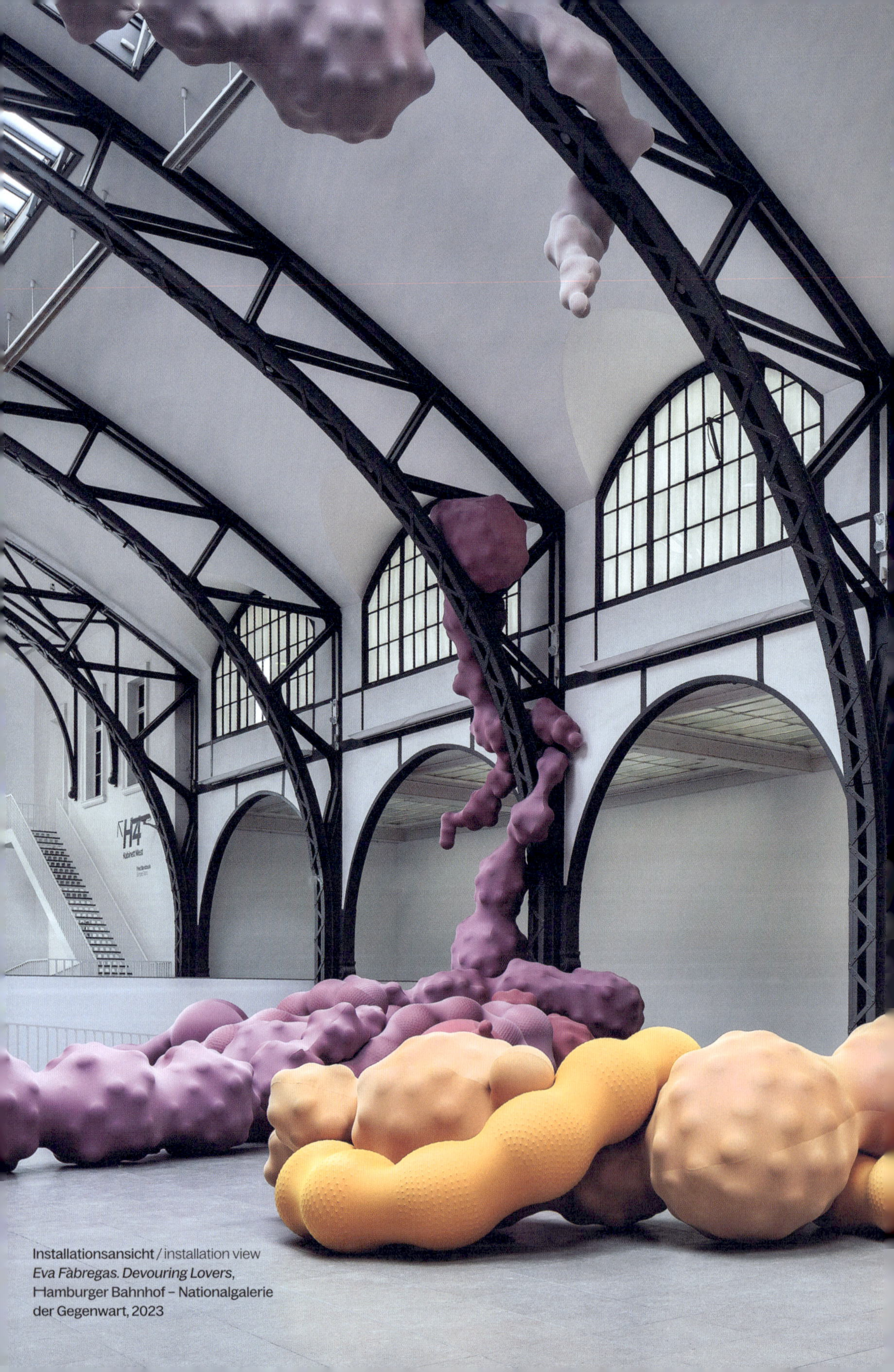

Installationsansicht / installation view
Eva Fàbregas. Devouring Lovers,
Hamburger Bahnhof – Nationalgalerie
der Gegenwart, 2023

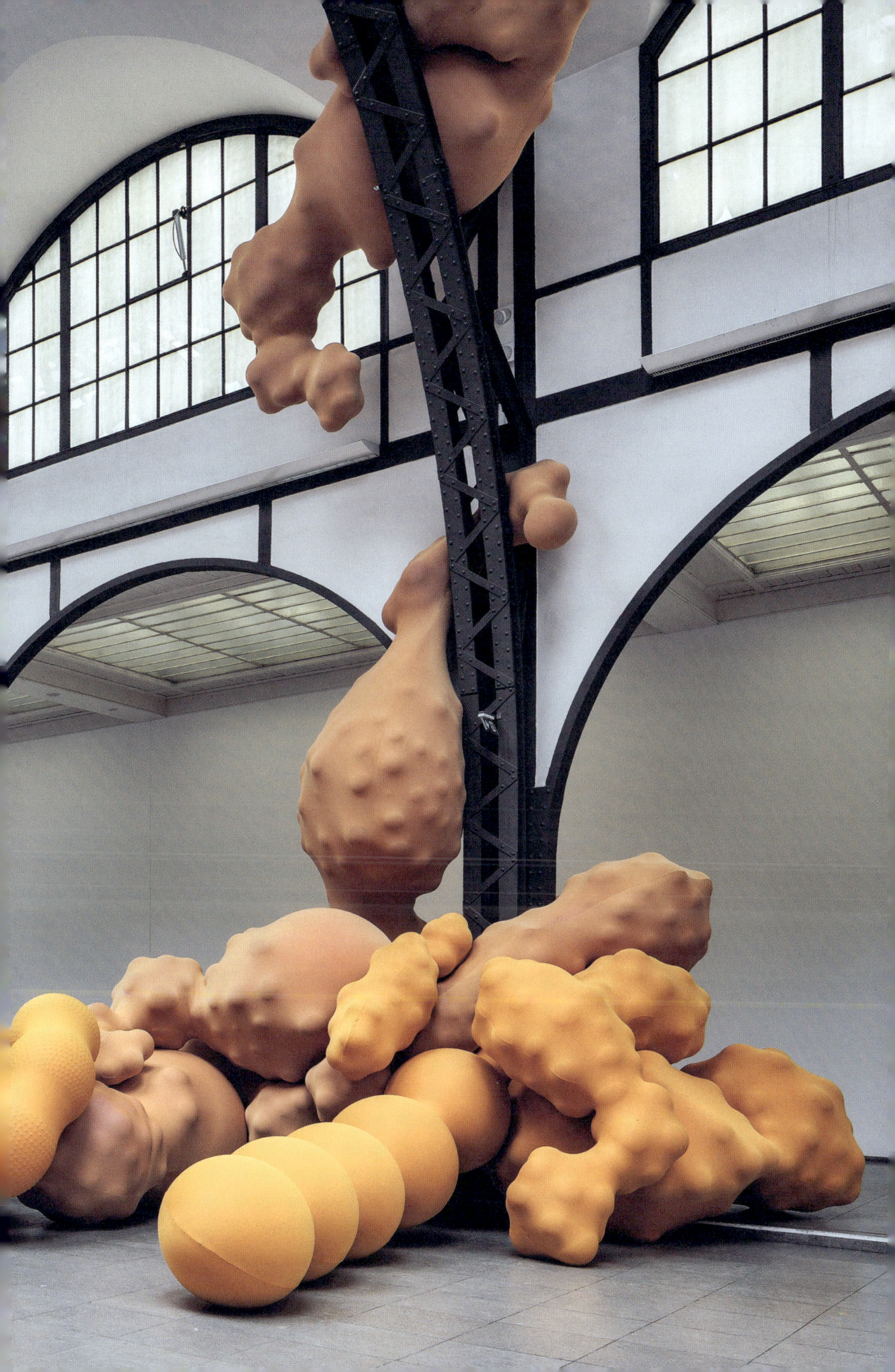

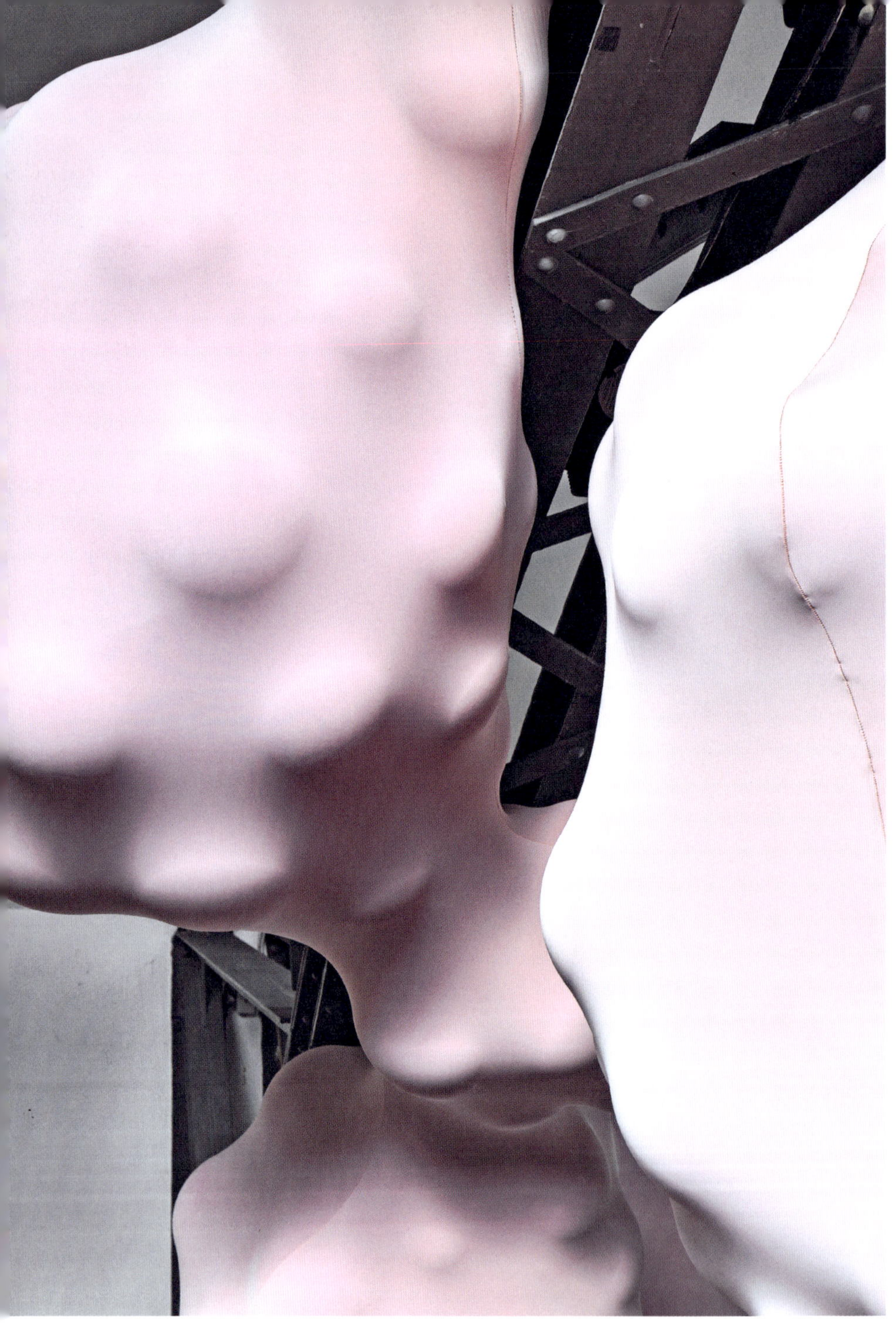

Installationsansicht / installation view
Eva Fàbregas. Devouring Lovers,
Hamburger Bahnhof – Nationalgalerie
der Gegenwart, 2023

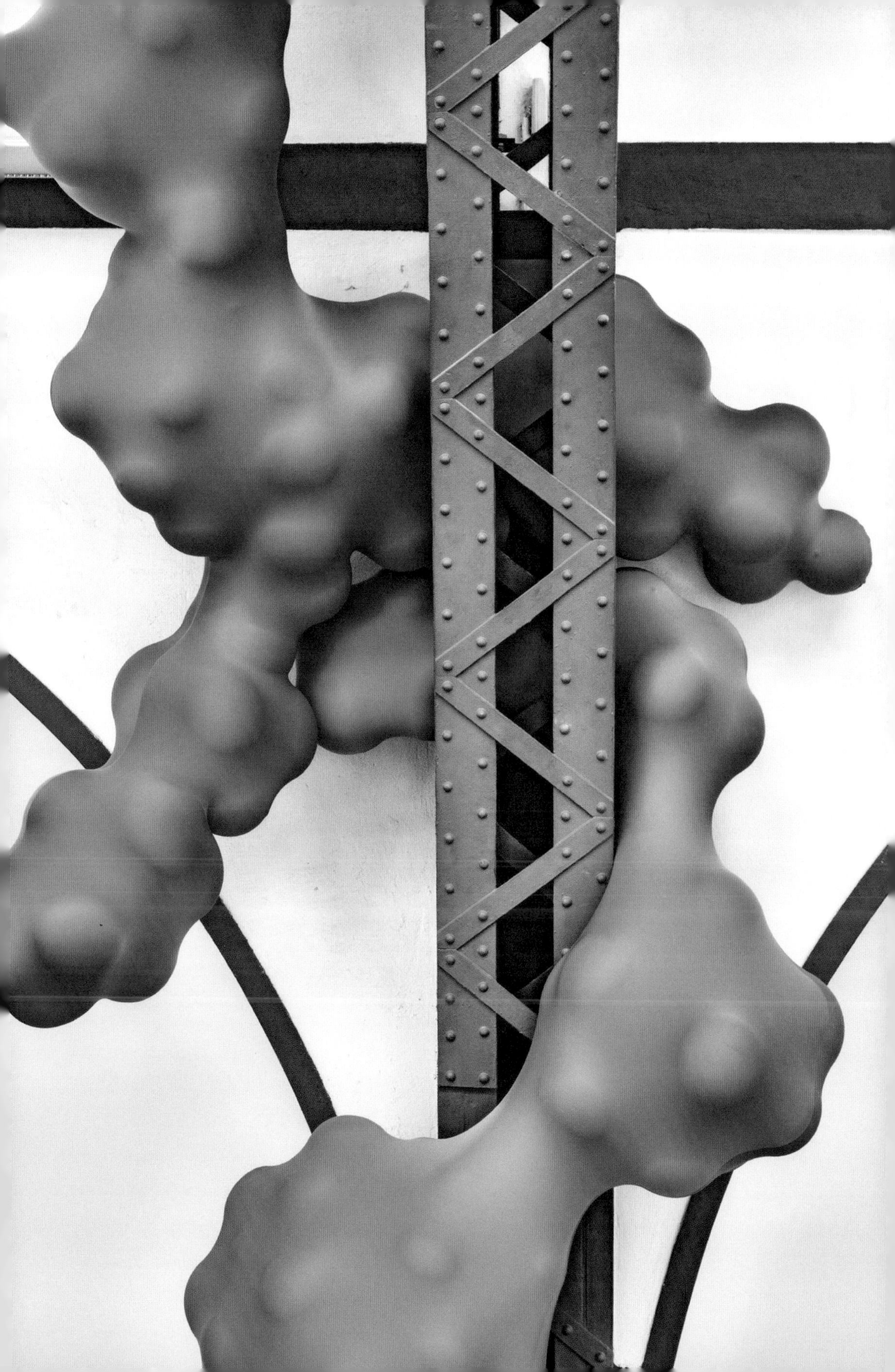

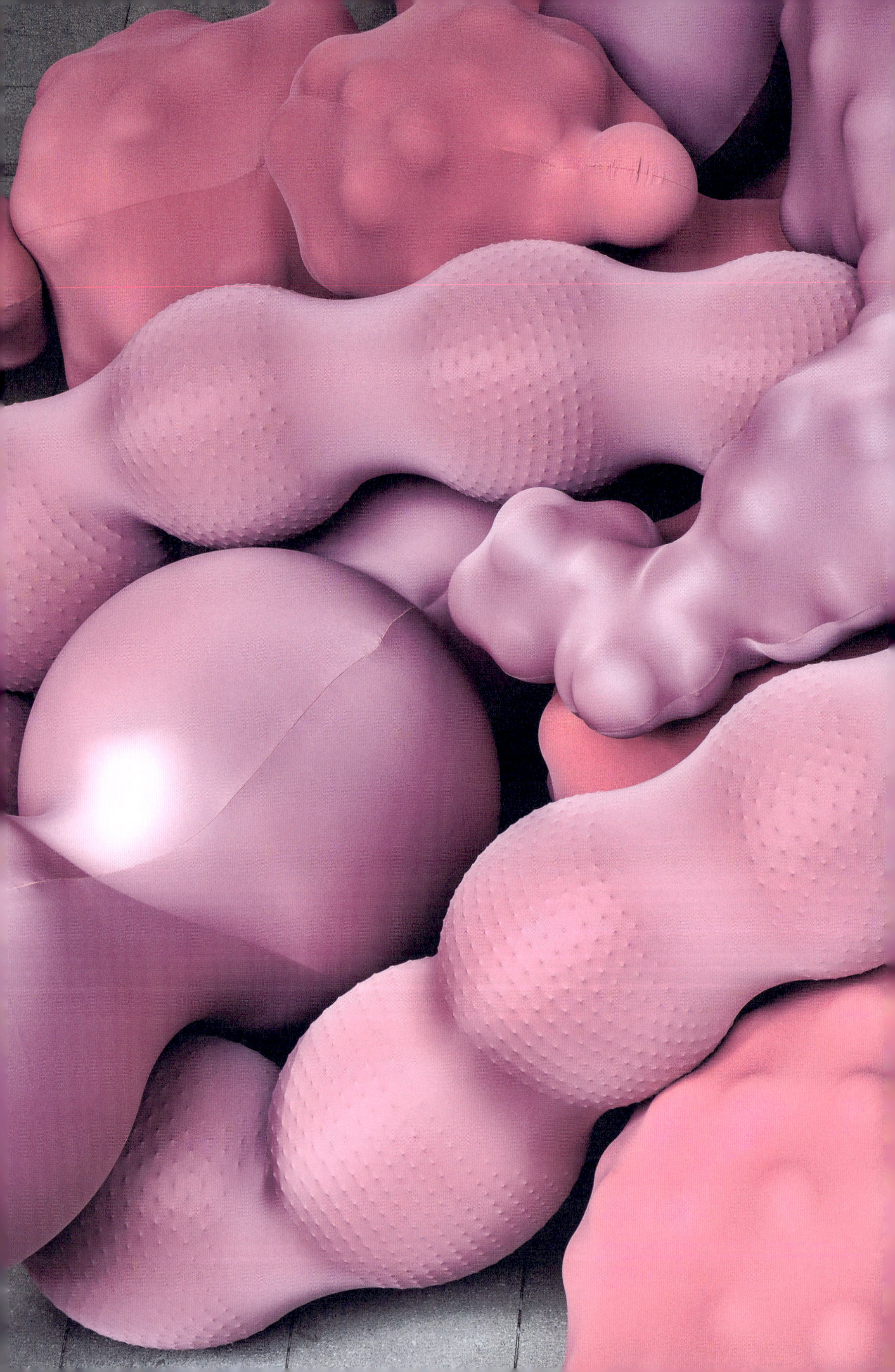

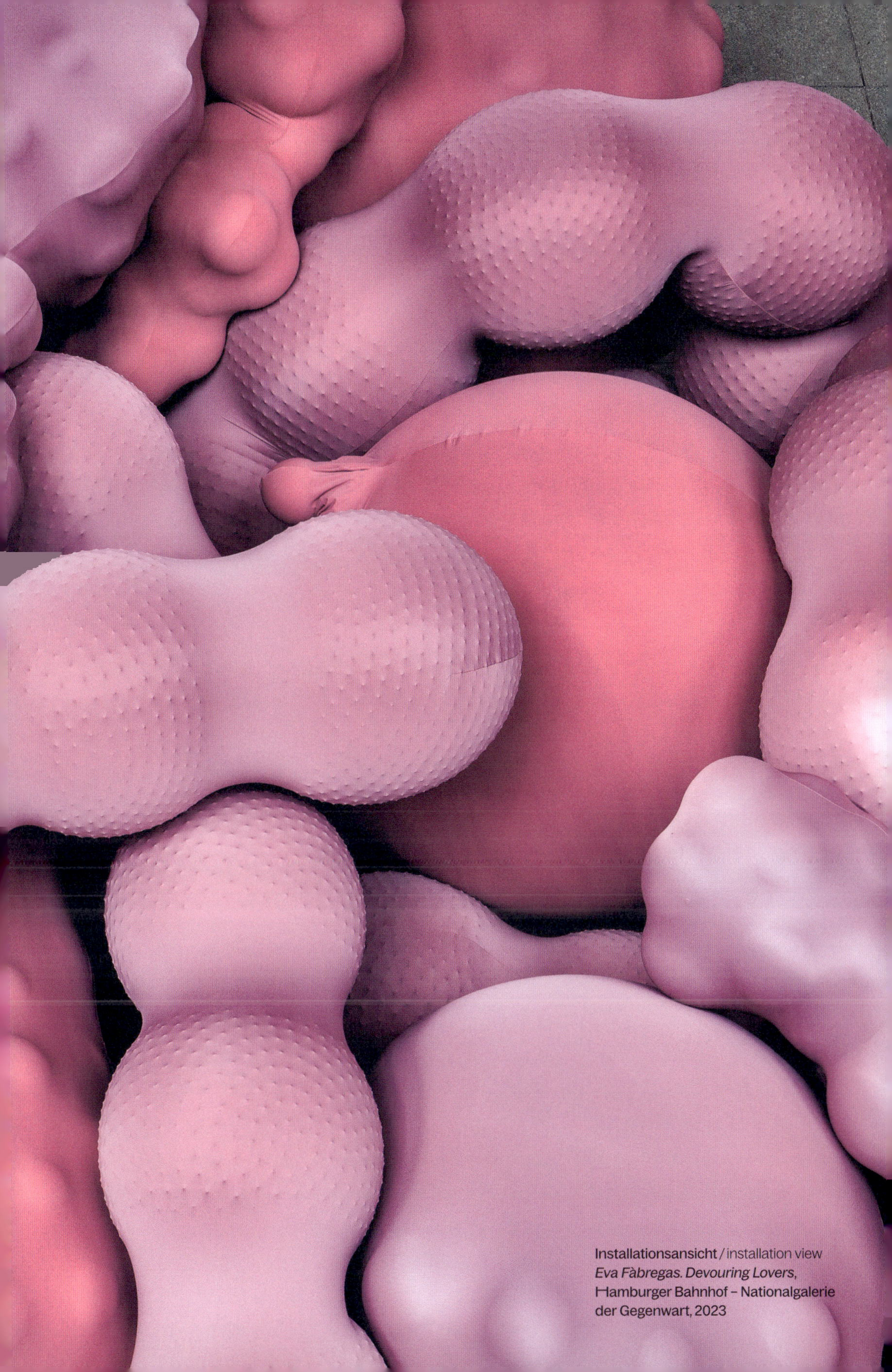

Installationsansicht / installation view
Eva Fàbregas. Devouring Lovers,
Hamburger Bahnhof – Nationalgalerie
der Gegenwart, 2023

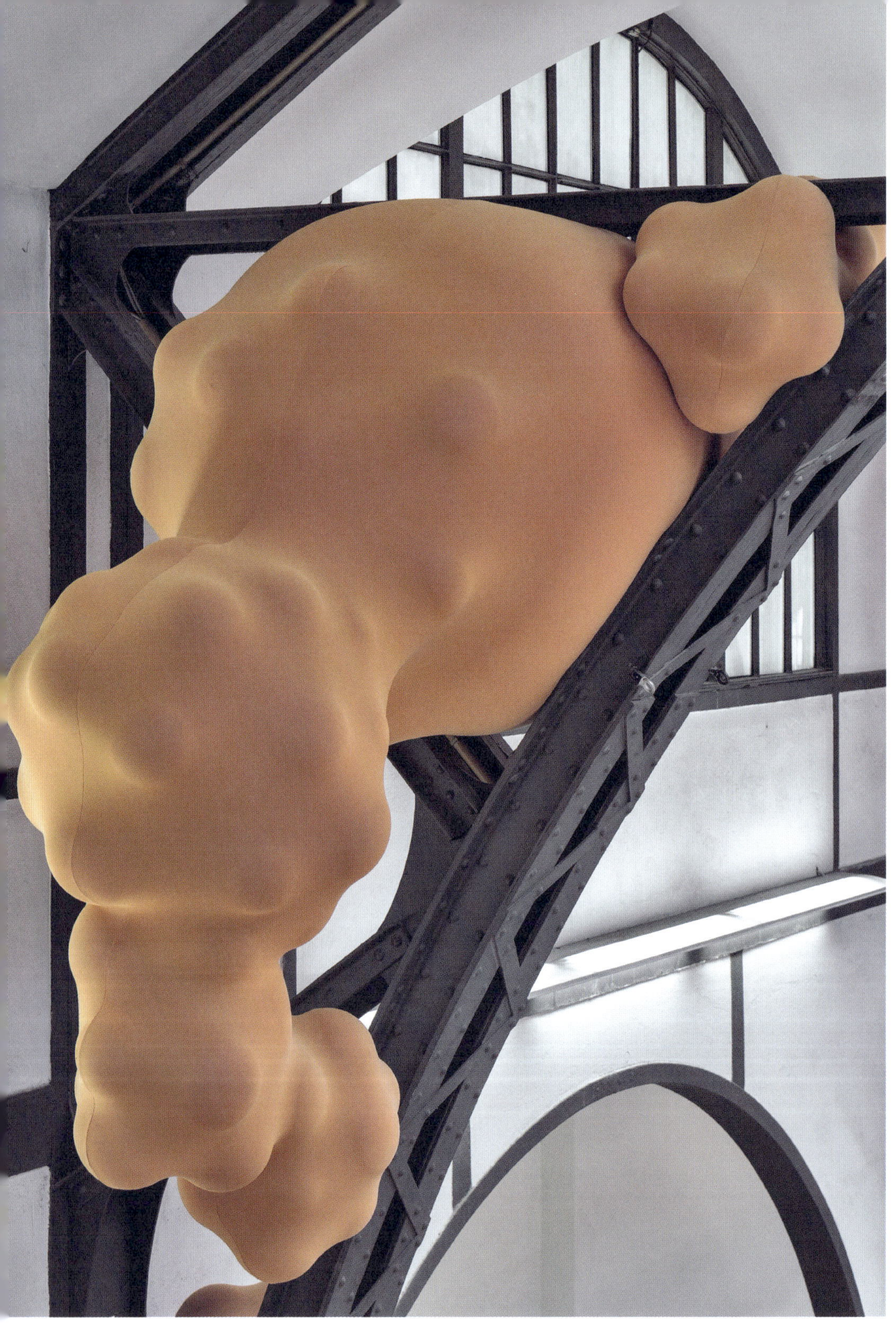

Installationsansicht / installation view
Eva Fàbregas. Devouring Lovers,
Hamburger Bahnhof – Nationalgalerie
der Gegenwart, 2023

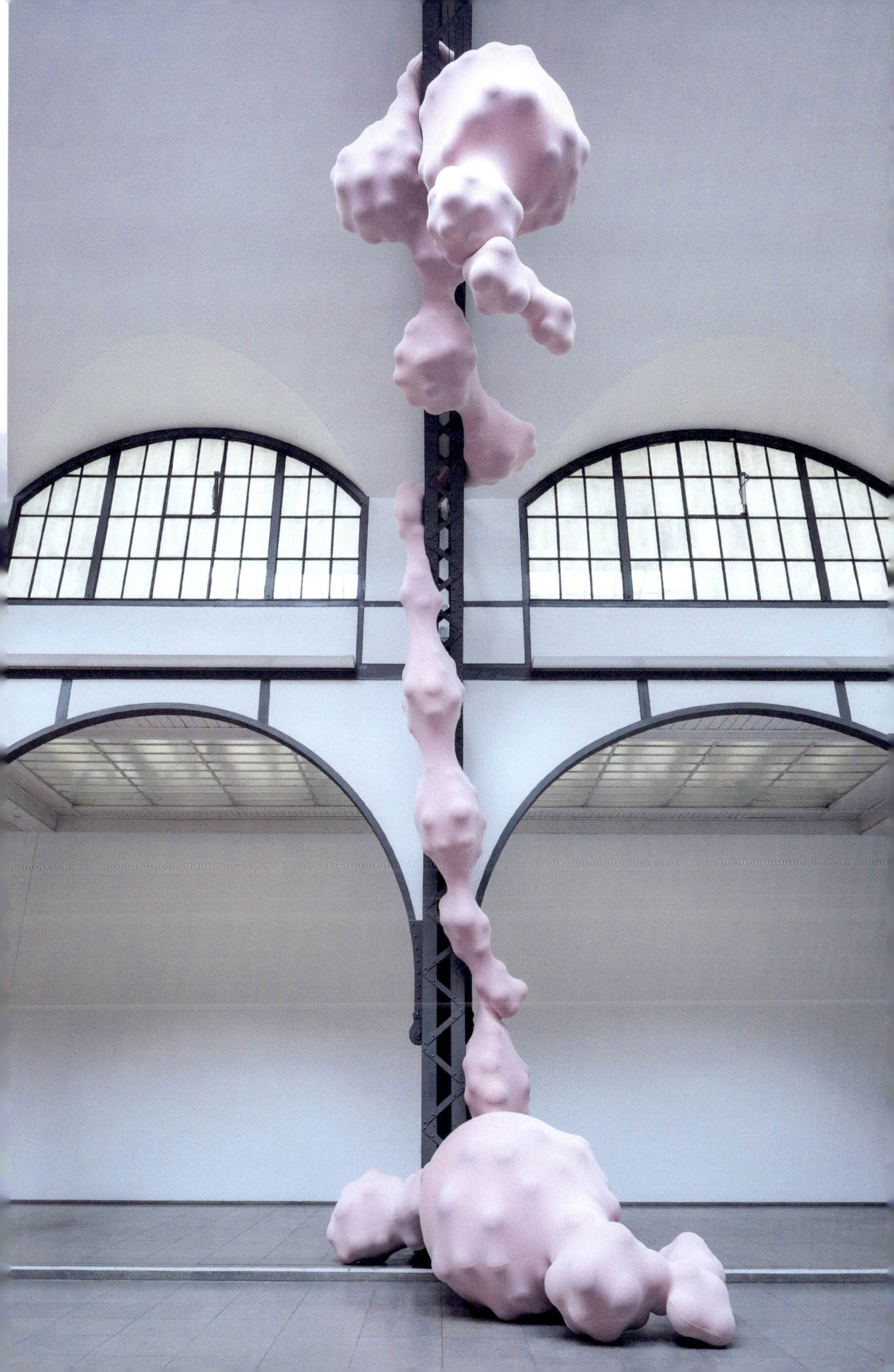

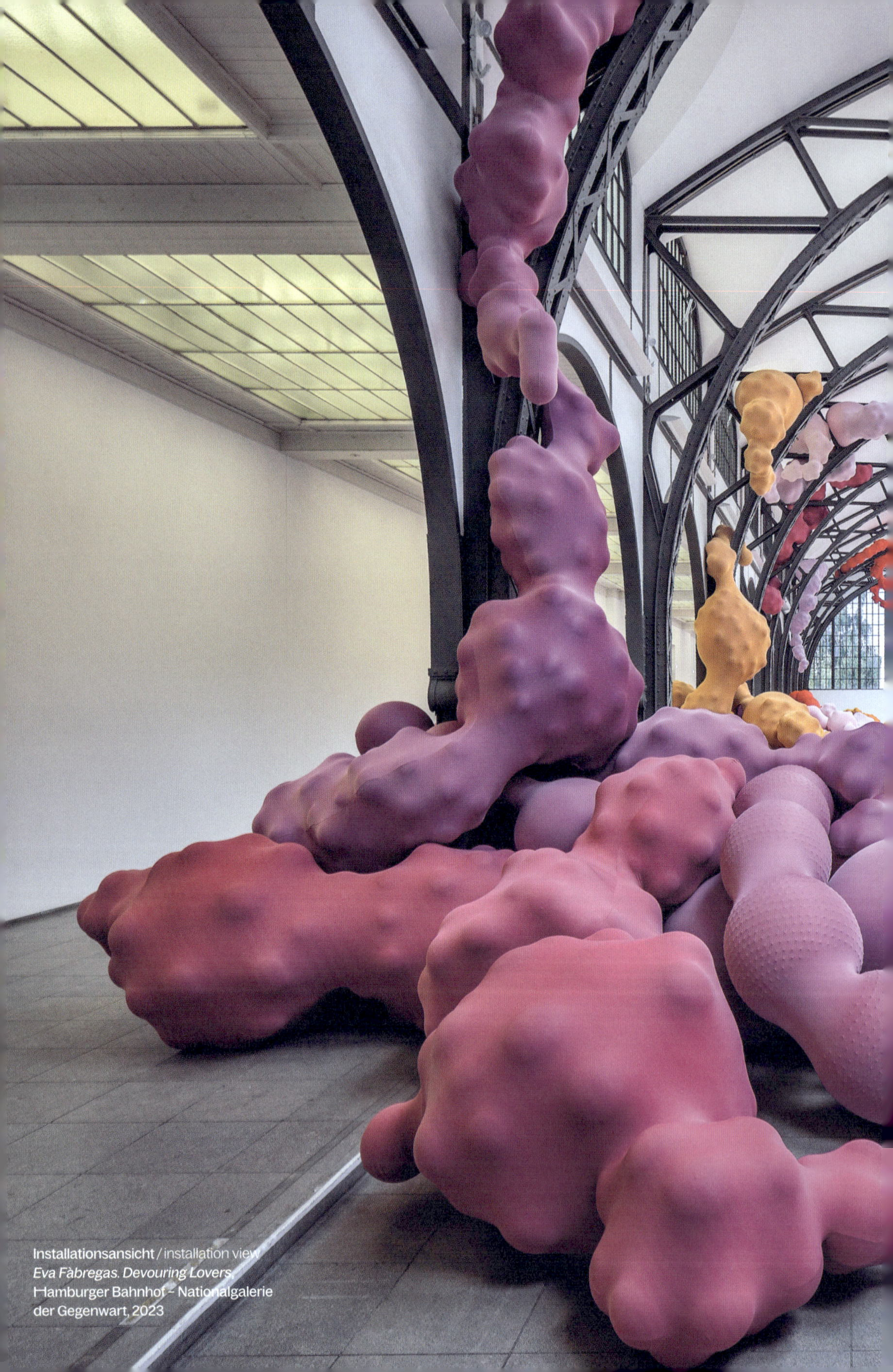

Installationsansicht / installation view
Eva Fàbregas. Devouring Lovers,
Hamburger Bahnhof – Nationalgalerie
der Gegenwart, 2023

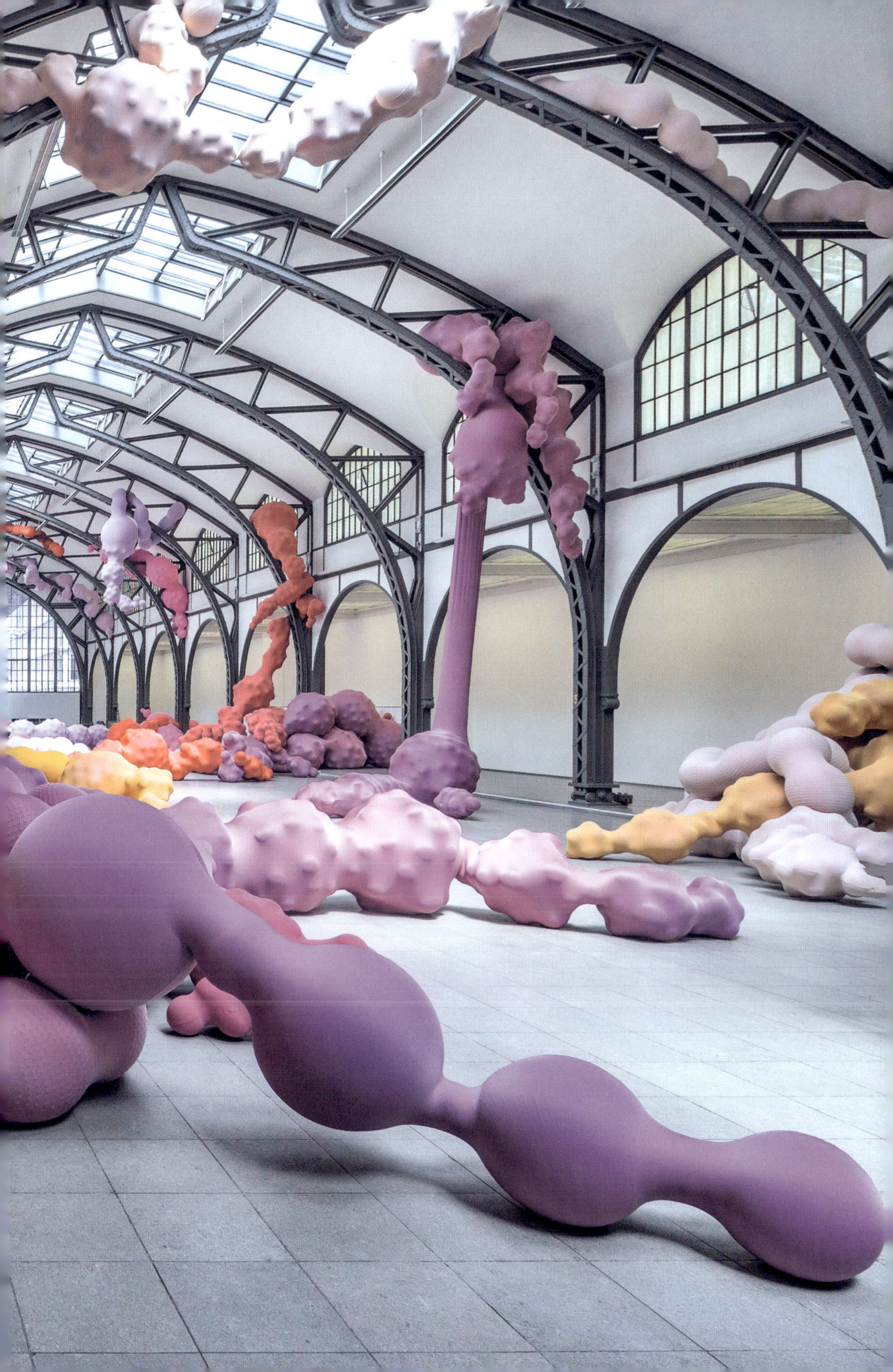

Mein Körper existiert nicht

/ *My Body Does Not Exist*

Paul B. Preciado

Die regelmäßige Einnahme von Testosteron führt zu körperlichen Veränderungen, die immer deutlicher hervortreten, während ich gleichzeitig ein rechtliches Verfahren zur Geschlechtsangleichung eingeleitet habe, das es mir erlauben wird – wenn der Richter meinem Antrag stattgibt, den Vornamen in meinem Ausweis ändern zu lassen. Beide Verfahren, das biomorphologische und das politisch-administrative, sind nicht deckungsgleich. Obwohl der Richter die körperlichen Veränderungen (die ihrerseits ein psychiatrisches Gutachten voraussetzen) als Bedingung der personenstandsrechtlichen Anerkennung eines neuen Vornamens und Geschlechts betrach-

The continuous administration of testosterone leads to increasingly visible changes in my body, at the same time as I undertake a legal process of gender reassignment that should allow me—if the judge accepts my request—to change the first name on my identity card. The two procedures—bio-morphological and politico-administrative—are not convergent. Although the judge regards physical changes (backed by a requisite psychiatric diagnosis) as the conditions for reassignment of name or sex to my legal person, these transformations cannot in any way be reduced to the dominant representation of the masculine body, according to the epistemology of sexual difference. As

tet, lassen diese Veränderungen sich nicht auf die herrschende Vorstellung vom männlichen Körper reduzieren, die der Epistemologie der Geschlechterdifferenz gehorcht. Je näher die Aushändigung des neuen Dokuments rückt, desto deutlicher muss ich bestürzt feststellen, dass mein Transkörper nicht existiert und in den Augen des Gesetzes nie existieren wird. Mediziner und Richter legen einen großen politisch-szientifischen Idealismus an den Tag, indem sie die Realität meines Transkörpers in Abrede stellen, um die Wahrheit des binären Geschlechterregimes behaupten zu können. Die Nation existiert. Der Ausweis existiert. Das Dokument existiert. Die Familie existiert. Das Gesetz existiert. Das Internierungslager existiert. Die Psychiatrie existiert. Die Wissenschaft existiert. Selbst Gott existiert. Aber mein Transkörper existiert nicht.

Mein Transkörper existiert nicht in den Verwaltungsverfahren, die den Erwerb der Staatsbürgerschaft regeln.

Er existiert nicht als Verkörperung männlich-ejakulierender Souveränität in der Pornografie, nicht als potenzieller Kundenkörper in den Werbekampagnen der Bekleidungsindustrie und nicht als relevante Bezugsgröße der Stadtplanung.

Mein Transkörper existiert nicht als mögliche überlebensfähige Spielart des Menschseins in den Lehrbüchern der Anatomie, und er existiert in keiner Darstellung des gesunden Fortpflanzungsapparats im Biologieunterricht. Diskurse wie Repräsentationstechniken sehen die Existenz meines Transkörpers nur als Exempel im Rahmen einer Taxonomie von Abweichungen vor, die es zu korrigieren gilt. Für sie existiert er nur als Beweisstück einer Ethnografie der Perversion. Sie behaupten, dass meine Geschlechtsorgane nicht existieren, es sei denn in Gestalt des Defizits oder der Prothese. Außerhalb der Pathologie gibt es keine angemessene Darstellung und

I get closer to acquiring the new document, I realize with horror that my trans body does not exist and will not exist in the eyes of the law. In a show of politico-scientific idealism, the doctors and judges deny the reality of my trans body in order to be able to continue to affirm the validity of the binary sexual system. And so the nation exists. And so the judge exists. And so the records office exists. And so the map exists. And so the document exists. The family exists. The law exists. The Book exists. The detention center exists. Psychiatry exists. The border exists. Science exists. Even God exists. But my trans body does not exist.

My trans body does not exist in the administrative protocols that guard the status of citizenship. It does not exist as embodiment of ejaculating masculine sovereignty in pornographic representation, or as sales target in ad campaigns for the clothing industry, or as referent of architectural segmentations of the city.

My trans body does not exist as possible and vital variant of the human in anatomy books, or in representations of healthy reproductive systems in secondary school biology textbooks. Discourses and techniques of representation give credence to my trans body only as a specimen belonging to a taxonomy of deviation that ought to be corrected. They assert that it exists exclusively as corollary of an ethnography of perversion. They declare that my sexual organs do not exist, except as missing or as prosthesis. Outside of pathology, there exists no correct representation of my breasts, my skin, my voice. My sex is neither a macro-clitoris nor a micropenis. But if my sex does not exist, are my organs still human? The growth of my hair does not conform to any form of rectification of my subjective movement towards masculinity.

On my face, hair is growing in places that have no obvious signification, or else it stops growing where its presence would indicate the "correct" shape of a beard.

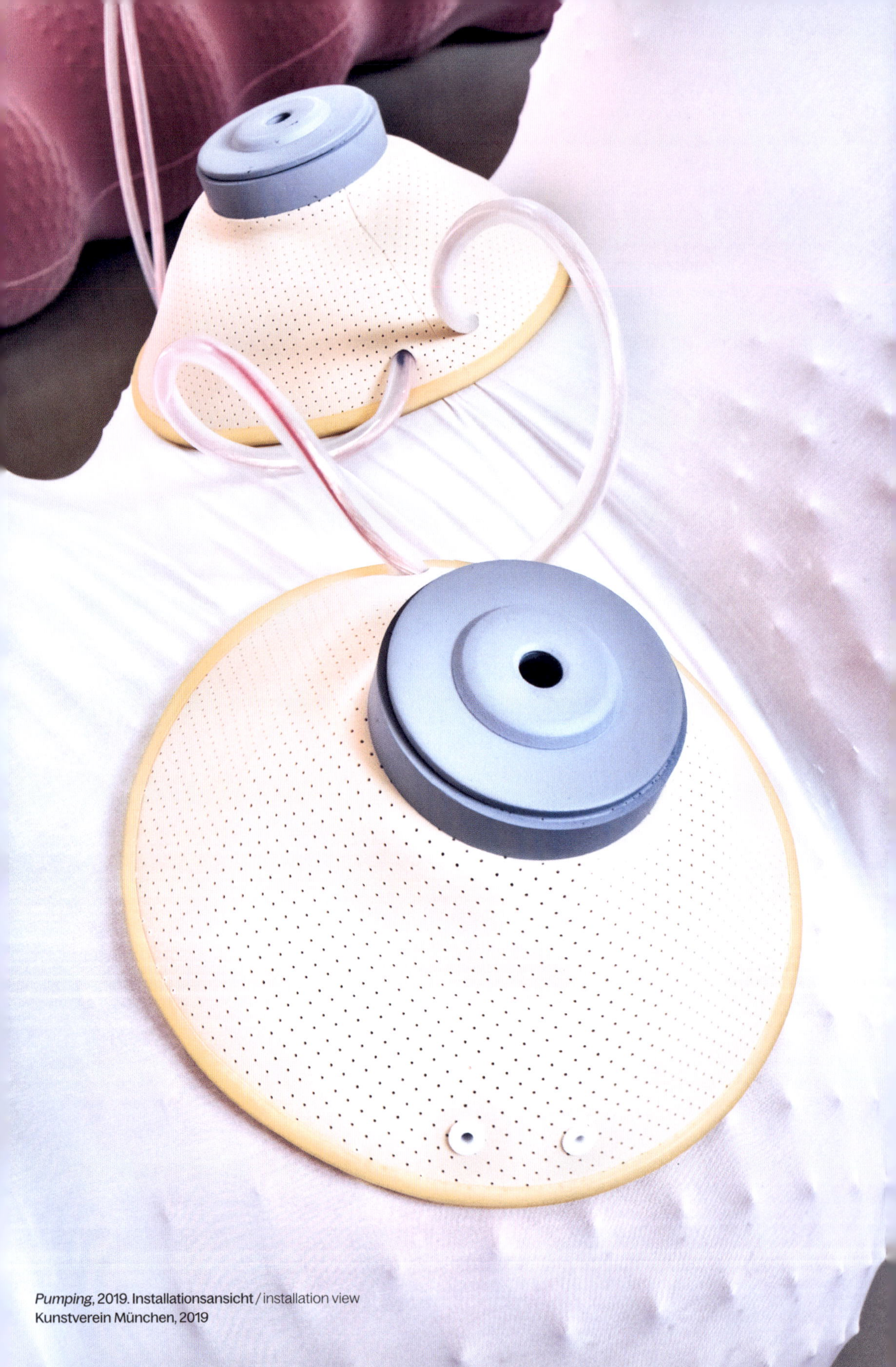

Pumping, 2019. Installationsansicht / installation view
Kunstverein München, 2019

Vorstellung meiner Brüste, meiner Haut, meiner Stimme. Mein Geschlecht ist weder eine Makroklitoris noch ein Mikropenis. Wenn es aber mein Geschlecht nicht gibt – sind meine Organe dann überhaupt menschlich? Der Haarwuchs entspricht keiner ordnungsgemäßen Vermännlichung meiner Subjektivität. Im Gesicht sprießen Stoppeln an Stellen, an denen sie keinen erkennbaren Sinn ergeben, und dort, wo von Rechts wegen ein Bart sein sollte, stellen sie ihr Wachstum ein. Auch die Umverteilung von Körpermasse und Muskeln macht mich nicht männlicher. Sie macht mich bloß noch mehr zum Trans, und diese Bezeichnung lässt sich in die binomische Ordnung des Mann/Frau-Schemas nicht ohne Weiteres übersetzen. Die Zeitlichkeit meines Transkörpers ist die Gegenwart: Er bestimmt sich weder aus dem, was er war, noch aus dem, was er angeblich werden soll.

Mein Transkörper ist eine widerspenstige Institution ohne Satzung. Ein epistemologisches und administratives Paradox. Als Werden ohne theologischen Rückhalt oder festen Bezugspunkt setzt seine inexistente Existenz die Geschlechterdifferenz ebenso außer Kraft wie den Gegensatz homosexuell/heterosexuell.

Mein Transkörper kehrt sich gegen die Sprache derer, die ihn nur beim Namen nennen, um ihn zu verleugnen.

Mein Transkörper existiert als materielle Wirklichkeit, als Inbegriff von Wünschen und Praktiken, und seine inexistente Existenz stellt alles infrage: die Nation, den Richter, das Archiv, den Ausweis, das Dokument, die Familie, das Gesetz, das Buch, das Internierungslager, die Psychiatrie, die Grenze, die Wissenschaft, Gott. Mein Transkörper existiert.

The re-arrangement of body-mass and muscle does not make me more virile. Simply more trans—even though this denomination does not meet with an immediate translation into terms of binomial man-woman.

The temporality of my trans body is the present: it is defined neither by what it was nor by what it is supposed to be becoming.

My trans body is an insurgent institution stripped of a constitution. An epistemological and administrative paradox. Becoming without theology or referent, its non-existent existence is the ruin both of sexual difference and of homosexual/heterosexual opposition. My trans body turns against the language of those who name it in order to deny it. My trans body exists as material reality, as a totality of desires and practices, and its non-existent existence calls everything into question: nation, judge, archive, map, document, family, law, freedom, the detention center, psychiatry, border, science, God. My trans body exists.

Übersetzt aus dem Französischen von Stefan Lorenzer

Translated from the French by Charlotte Mandell

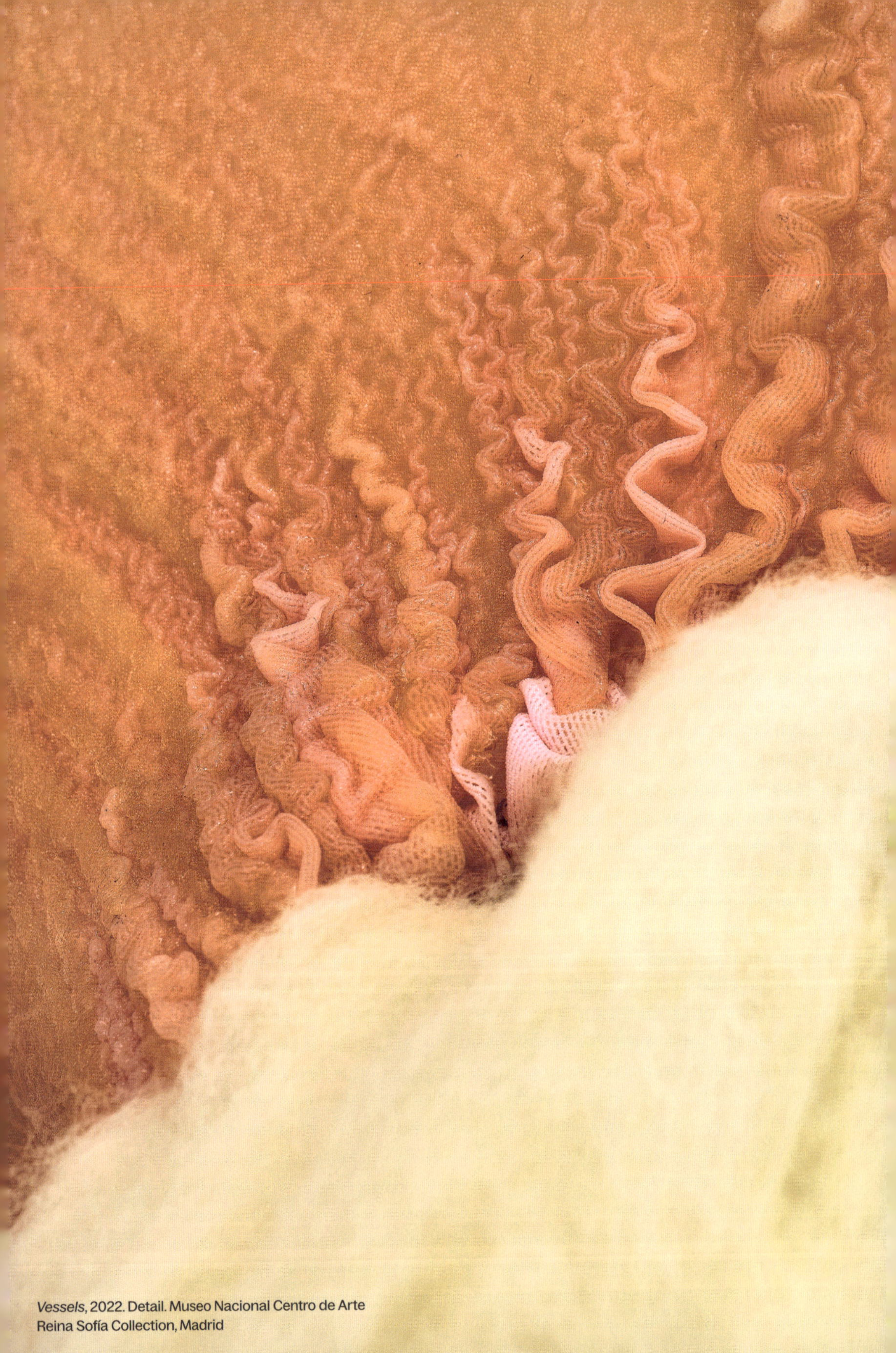

Vessels, 2022. Detail. Museo Nacional Centro de Arte Reina Sofía Collection, Madrid

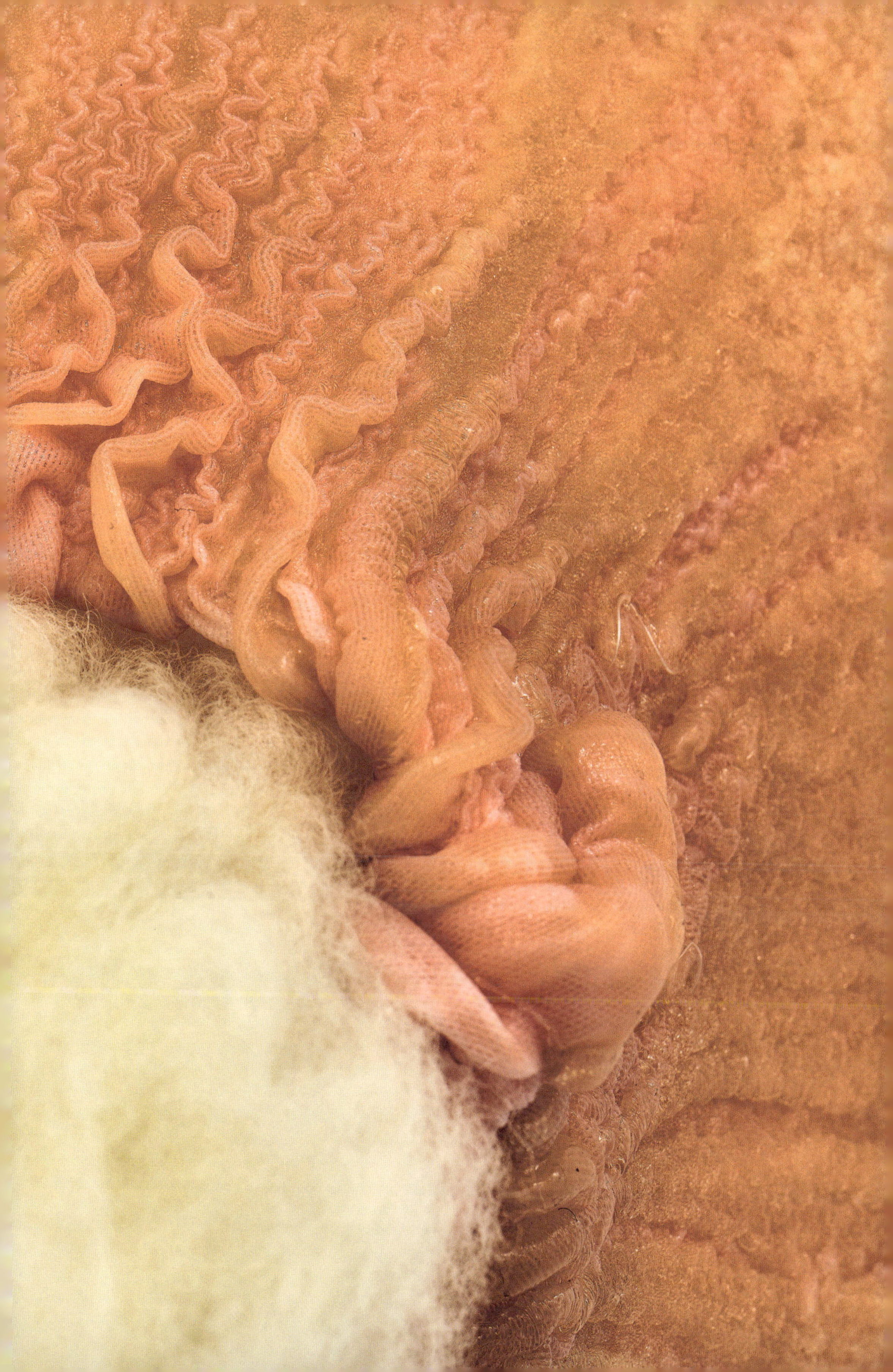

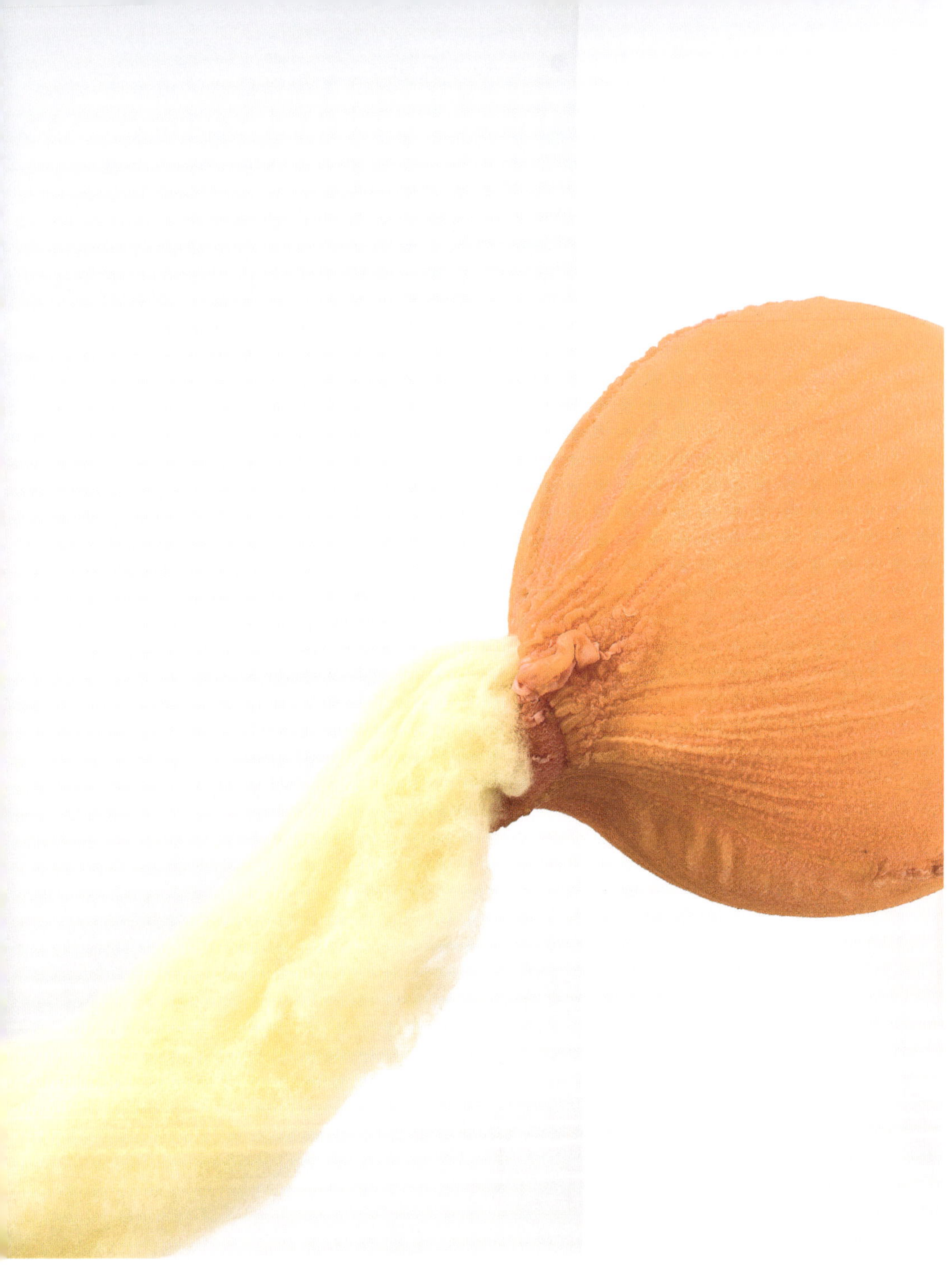

Vessels, 2022. Installationsansicht / installation view
Bombon Projects, Barcelona, 2022

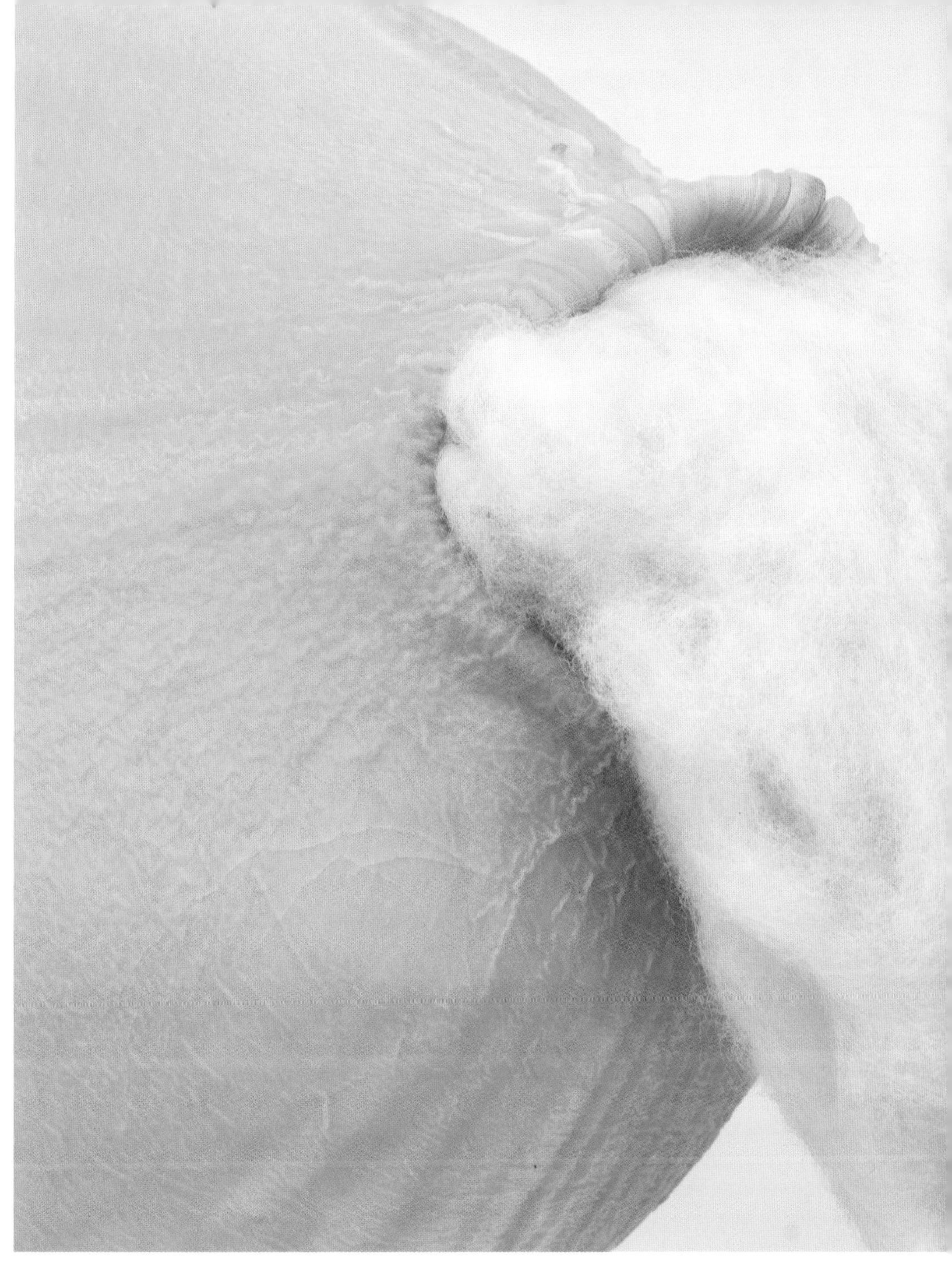

Vessels, 2022. Detail. Museo Nacional Centro de Arte Reina Sofía Collection, Madrid

Wir fressen uns gegenseitig auf / *We Eat Each Other Up*

Auszüge / Excerpts
Daisy Lafarge

Ich verliere meinen Kopf, aber nicht meinen Appetit; in der Liebe verschlingen wir uns gegenseitig. Ein Teil des Liebesvokabulars evoziert die Verdauung: Liebe verzehrt und verschlingt, sie verschluckt oder will verschluckt werden. Wenn es so ist, dass wir uns in der Liebe gegenseitig auffressen, dann essen wir so, dass die Mahlzeit unerschöpflich ist. Und wenn eine Quelle versiegt, sind Auswahl und Möglichkeiten noch immer groß.

Simone Weil wusste über den Appetit der Liebe eine Menge zu sagen. Sie verstand die Menschheit als eine kannibalistische Wirtschaft, die routinemäßig als Ernährung ihre Verwandtschaft frisst. „Wir lieben wie Kannibalen", schrieb sie. „Geliebte Wesen ... versorgen uns mit Trost, Energie, einem Stimulans. Sie haben dieselbe Wirkung auf uns wie eine gute Mahlzeit nach einem anstrengenden Arbeitstag. Wir lieben sie daher wie Nahrung. Es ist also eine Kannibalenliebe".[1]

I lose my head but not my appetite; in love we eat each other up. Part of love's vocabulary is digestive: it consumes and devours, it swallows or else desires to be swallowed up. If love is how we eat each other, we eat in such a way that the meal is inexhaustible. And if one source dries up, as the saying goes, *there's plenty more fish in the sea*.

Simone Weil had a lot to say about love's appetite. She understood humanity as a cannibalistic economy that routinely eats its kin for nourishment. "We love as cannibals," she wrote. "Beloved beings... provide us with comfort, energy, a stimulant. They have the same effect on us as a good meal after an exhausting day of work. We love them, then, as food. It's an anthropophagic love."[1]

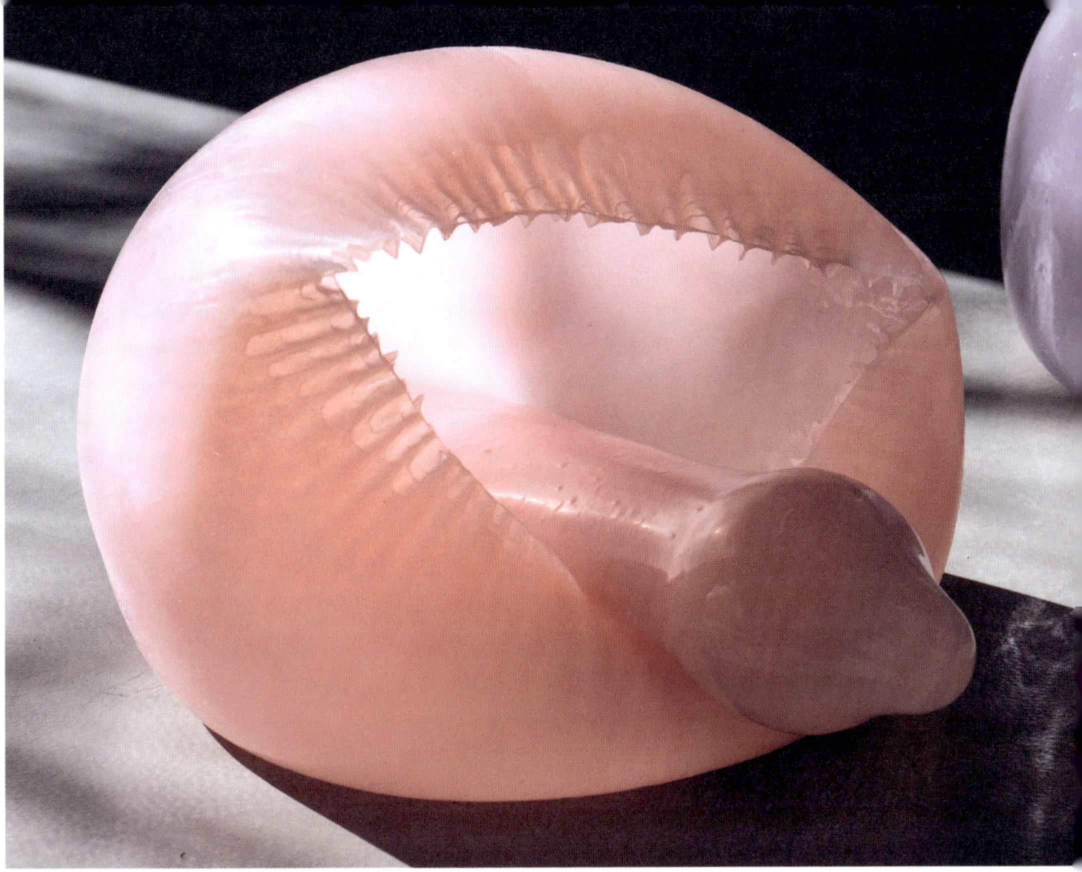

Sheddings, 2022. Installationsansicht / installation view Bombon Projects, Barcelona, 2022

Das Essen ist eine Andacht; wo wäre letzten Endes das Christentum ohne Kannibalismus, ohne aus Gott ein Mahl zu machen? Die Eucharistie meiner Kindheit war glanzlose Symbolik: Welch's Purple Grape Juice und ein nach Landbrot aussehender Laib von Tesco. Mehr angetan war ich von der Transsubstantiationslehre des Katholizismus, nach der Brot und Wein zum Leib und Blut von Christus selbst wurden. Wie schmeckte Transsubstantiation, wollte ich wissen – war das Blut salzig, das Fleisch gewürzt? Sättigte es oder machte es Hunger auf mehr? Da ich die Firmung nicht erhalten habe, werde ich es wohl nie erfahren.

Eating is devotional; where would Christianity be without cannibalism after all, without making a meal of God? The Eucharist of my childhood was lacklustre symbolism: Welch's Purple Grape Juice and a rustic-looking loaf from Tesco. I was more smitten with the tenet of transubstantiation in Catholic orthodoxy, in which the bread and wine became Christ's flesh and blood incarnate. What did transubstantiation taste like, I wanted to know – was the blood salty, the flesh seasoned? Did it satisfy, or make you hungry for more? Since I am unconfirmed, I guess I'll never know.

•

Wenn ich jemand wäre, für den der Ursprung alles ist, würde ich den kannibalistischen Unterton der Intimität bis ganz zu den Anfängen zurückverfolgen, als es noch keine klaren Grenzen zwischen Essen und Ficken gab.

•

1 Simone Weil, *La Connaissance surnaturelle*, Paris: Gallimard, 1950, S. 249–50.

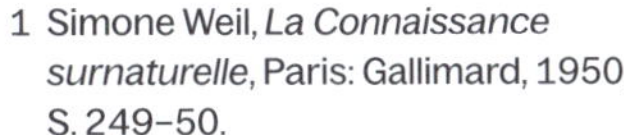

1 Simone Weil, *La Connaissance surnaturelle* [Paris: Gallimard, 1950], pp. 249–50.

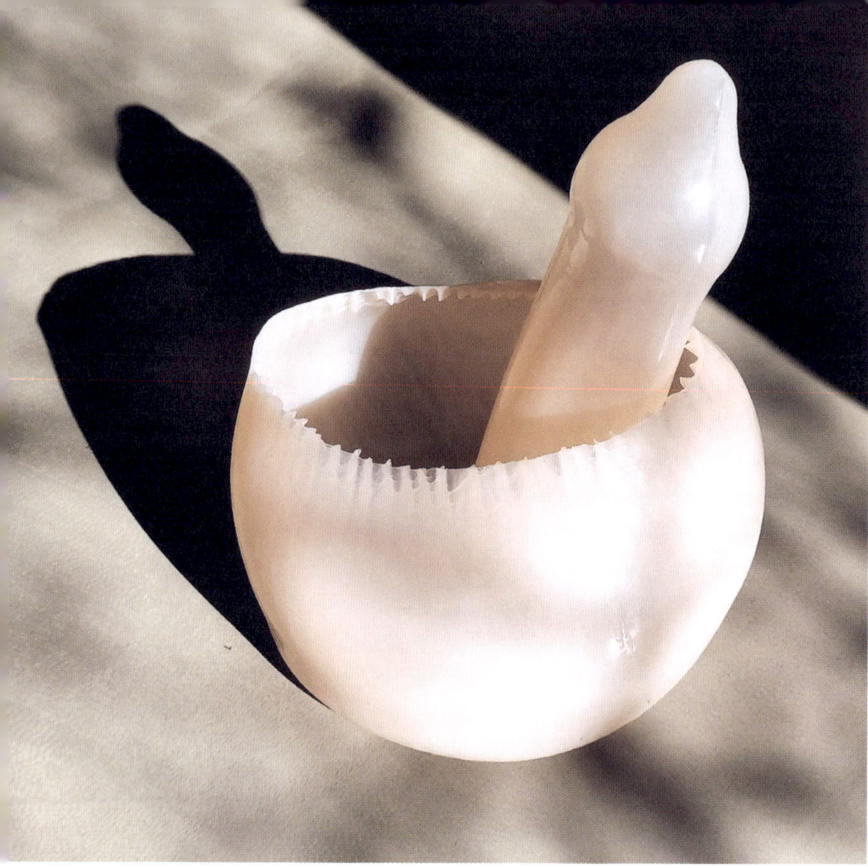

Sheddings, 2022. Installationsansicht / installation view Bombon Projects, Barcelona, 2022

Vor Milliarden von Jahren, bevor sich der Planet in Sauerstoffschichten hüllte, war die Erde von einer wilden Masse einzelliger Lebewesen bedeckt. Bakterien wanden sich im Gestank einer anaeroben und mit den Ausdünstungen von Ammoniak, Schwefel und Kohlenwasserstoffen giftigen Atmosphäre. Wie die meisten Zellen im menschlichen Körper vermehrten sich diese einzelligen Organismen durch Mitose, was die Wissenschaft als „ungeschlechtliche“ Fortpflanzung bezeichnet, da sich die Zelle im Wesentlichen selbst klont: Sie repliziert ihre DNA, teilt sich und bildet zwei genetisch identische Zellen. Doch kostet die Ungeschlechtlichkeit Energie; die ersten Bakterien ernährten sich von Zuckern, die durch atmosphärische Ereignisse wie Blitze oder Vulkane entstanden, und entwickelten sich später so, dass sie Energie von der Sonne beziehen konnten. Als der Zucker jedoch knapp wurde, hungerten sie, und andere Zellen begannen verlockend auszusehen.

If I was the kind of person who thought origins were everything, I could trace the cannibalistic undercurrents of intimacy all the way back to the beginning, when there were no clean lines between eating and fucking. Billions of years ago, before the planet clothed itself in layers of oxygen, the earth was covered in an orgiastic mass of single-celled life. Bacteria writhed in the stink of an anaerobic atmosphere, noxious with the fumes of ammonia, sulphide and hydrocarbons. Like most cells in the human body, these single-celled organisms reproduced through mitosis, what science calls “asexual” reproduction, since the cell essentially clones itself: it replicates its DNA and splits in two, forming two genetically identical cells. It takes energy to be asexual, though; the earliest bacteria ate sugars formed by atmospheric phenomena like lightning and volcanoes, and later evolved to draw energy from the sun. But when sugars ran out they starved, and other cells begin to look appetizing.

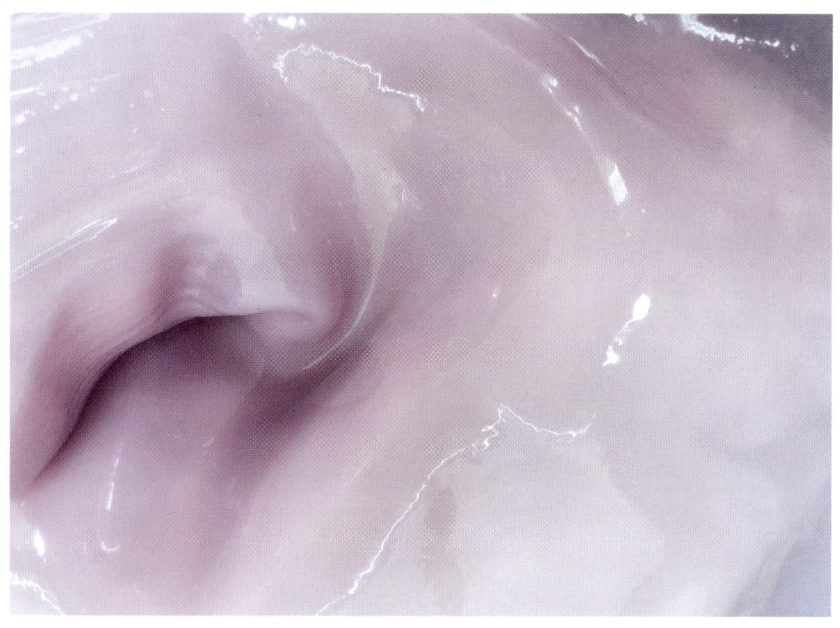

Sheddings, 2021. Detail. National Art Collection of Catalonia, deponiert im / deposited at MACBA, Barcelona

Parasitäre Helminthen hatten dann ihr eigenes Schlupfloch der Toleranz gefunden: Es war der im Inneren des Parasitismus angesiedelte Mutualismus, eine Ansteckung, die beiden Parteien zu geben schien, was sie benötigten. Das klang schon sehr nach Liebe, dachte ich. Also klammerte ich mich zur Orientierung an dieses Beispiel und nutzte es, um alle meine Fragen mit scheinbar eindeutigen Begriffen wie Parasitismus abzuarbeiten, die sich oft als komplizierter herausstellten. Viel später realisierte ich, dass ich einer Einbildung folgte – der Hoffnung, alle parasitischen Beziehungen würden sich wie bei Menschen und Helminthen als lediglich missverstandene Symbiosen herausstellen, die eines Tages ihre wechselseitige Harmonie offenbaren würden. Wie eschatologisch von mir! Es war genau, wie mein*e Ex sagte – ich war nicht bereit, Gewalt – vorsätzlich oder anderswie – als das zu akzeptieren, was sie war. Manchmal erweist sich eine Infektion als eine verschleierte Symbiose, manchmal ist sie jedoch einfach eine Infektion: die Vermehrung eines Organismus innerhalb eines anderen, die zum Tod führt. Etwas anderes zu behaupten wäre Hybris.

Parasitic helminths, then, had located their own loophole of tolerance: it was mutualism nested inside parasitism, an infection that seemed to give both parties what they needed. It sounded a lot, I thought, like love. So I clung to this example for a sense of direction, using it to trot out my issues with apparently clear-cut terms like parasitism, which often turned out to be less straightforward. Much later I realized I was harboring a fantasy – a hope that all parasitic relationships might turn out, like humans and helminths, to be symbioses that have just been misunderstood, and will one day reveal their mutualistic harmonies. How eschatological of me! It was exactly as my ex said – I was unwilling to accept violence – intentional or otherwise – for what it was.

Sometimes an infection might turn out to be a symbiosis in disguise, but sometimes it is just an infection: the multiplication of one organism inside another, resulting in death. It would be hubris to pretend otherwise.

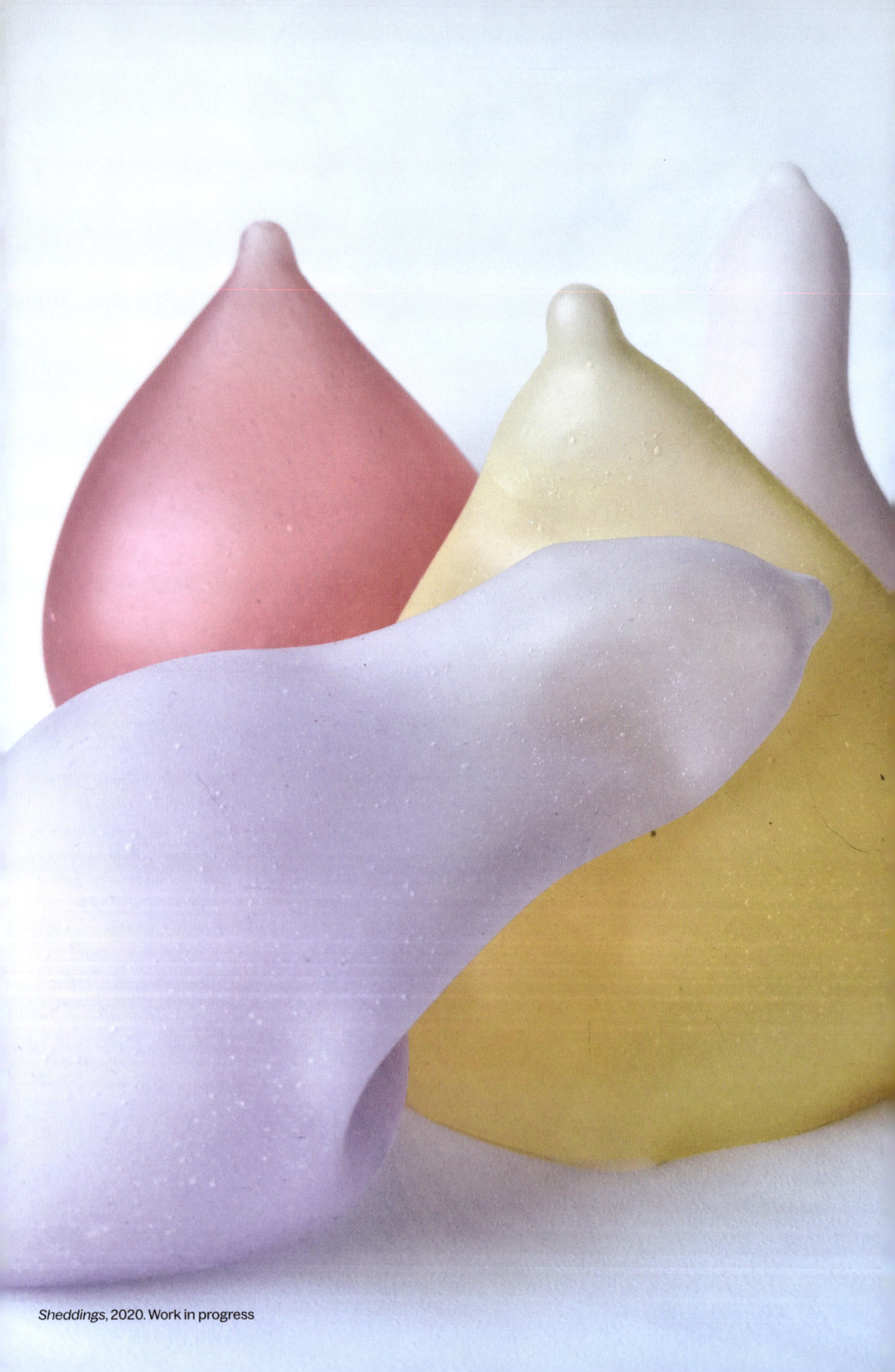

Sheddings, 2020. Work in progress

Den Lebenszyklus von Bilharziose-Würmern lernte ich kennen, nachdem ich einige Zeit in Teilen eines Landes verbracht hatte, in dem die von ihnen beim Menschen verursachte Krankheit – Bilharziose oder „Schneckenfieber" – endemisch ist. Meine rasante Ausbildung in Epidemiologie verlief oft auf diese Weise. Erst die Symptome, dann die Ursachen. Warum auch nicht? Krankheit ist unmittelbar und mit einem Individuum verbunden, einer durchlebten Qual, die gelindert werden muss. Um die Organismen zu untersuchen, die Krankheiten verursachen, musste ich meine Aufmerksamkeit vorübergehend von ihrer Rolle im menschlichen Leid abwenden. Oft fühlte sich das pervers an, wie ein beim Anblick des Krieges erstarrter Pazifist. Wenn ich doch pathogene Organismen gar nicht mit dem epidemiologischen Blick betrachten konnte – einem pragmatischen Blick, der ihre Raffiniertheit wertschätzen und zugleich das Studium nutzen konnte, um das menschliche Leid zu verringern – warum schaute ich sie mir dann an?

Bereitete es mir irgendwie Freude, diese Agenten des Schmerzes und des Todes zu taxieren?

●

I learned about the lifecycle of schistosoma worms after spending time in parts of a country where the disease they cause in humans – schistosomiasis or "snail fever" – is endemic. This was often the way that my fast-paced education in epidemiology went. Symptoms first, causes second. And why wouldn't it? Disease is immediate and connected to an individual, a lived agony that demands alleviation. To study the organisms that cause disease involved temporarily turning my attention away from their role in human suffering. This often felt perverse, like a pacifist transfixed by war. Since I couldn't look at pathogenic organisms with an epidemiological gaze – a pragmatic gaze which could appreciate their ingenuity while also using my study of them to lessen human suffering – then why was I looking? Was I in some way enjoying sizing up these agents of pain and death?

●

Learning about symbiogenesis and bdelloid rotifers was part of what made me want to keep learning about evolution, rather than look away. If my choice was between conscious anthropic error and the greater anthropic error of pseudo-neutrality, it seemed infinitely better to consciously take politics with me rather than fantasize about leaving them at the door. I needed relations in order to trouble my study of origins. Sex contains the story of thwarted cannibalism but it will also always be in excess of it: its evolution manifests as echoes and traces that loop back on themselves, weaving in and out of the present. Perhaps in our vocabulary of swallowing and eating each other up – in sex and in love – we are voicing ancestral muscle-memory, ventriloquized by the biological unconscious. Sex traces this loss of coherence, a blur of bacterial boundaries, but it will never stop proliferating beyond its perceived origin, becoming something new and irreducible in each encounter.

Die Beschäftigung mit Symbiogenese und Bdelloidae trug dazu bei, dass ich mehr über die Evolution erfahren wollte statt wegzusehen. Im Fall der Wahl zwischen dem wissentlichen anthropischen Irrtum und dem größeren menschlichen Irrtum der Pseudoneutralität, scheint es unendlich viel besser, die Politik bewusst mitzunehmen, als sich einzubilden, man ließe sie außen vor. Um mein Studium der Ursprünge zu stören, brauchte ich Beziehungen. Sex enthält die Geschichte des vereitelten Kannibalismus, wird aber immer darüber hinausgehen: Seine Fortentwicklung offenbart sich als Anklang und sich wiederholende Spuren, die sich in die Gegenwart hinein- und wieder herauswinden. Vielleicht artikuliert sich in unserem Vokabular des gegenseitigen Verschluckens und Verschlingens – beim Sex und in der Liebe – ein angestammtes Muskelgedächtnis, bauchrednerisch aus dem biologischen Unbewussten heraus.

Sex spürt diesem Verlust an Kohärenz nach, eine Verwischung der bakteriellen Grenzen, wird aber nie aufhören, sich über seinen vermeintlichen Ursprung hinaus auszubreiten, indem er bei jeder Begegnung zu etwas Neuem und Uneinschränkbarem wird.

Aus dem Englischen von
Katrin Boskamp-Priever

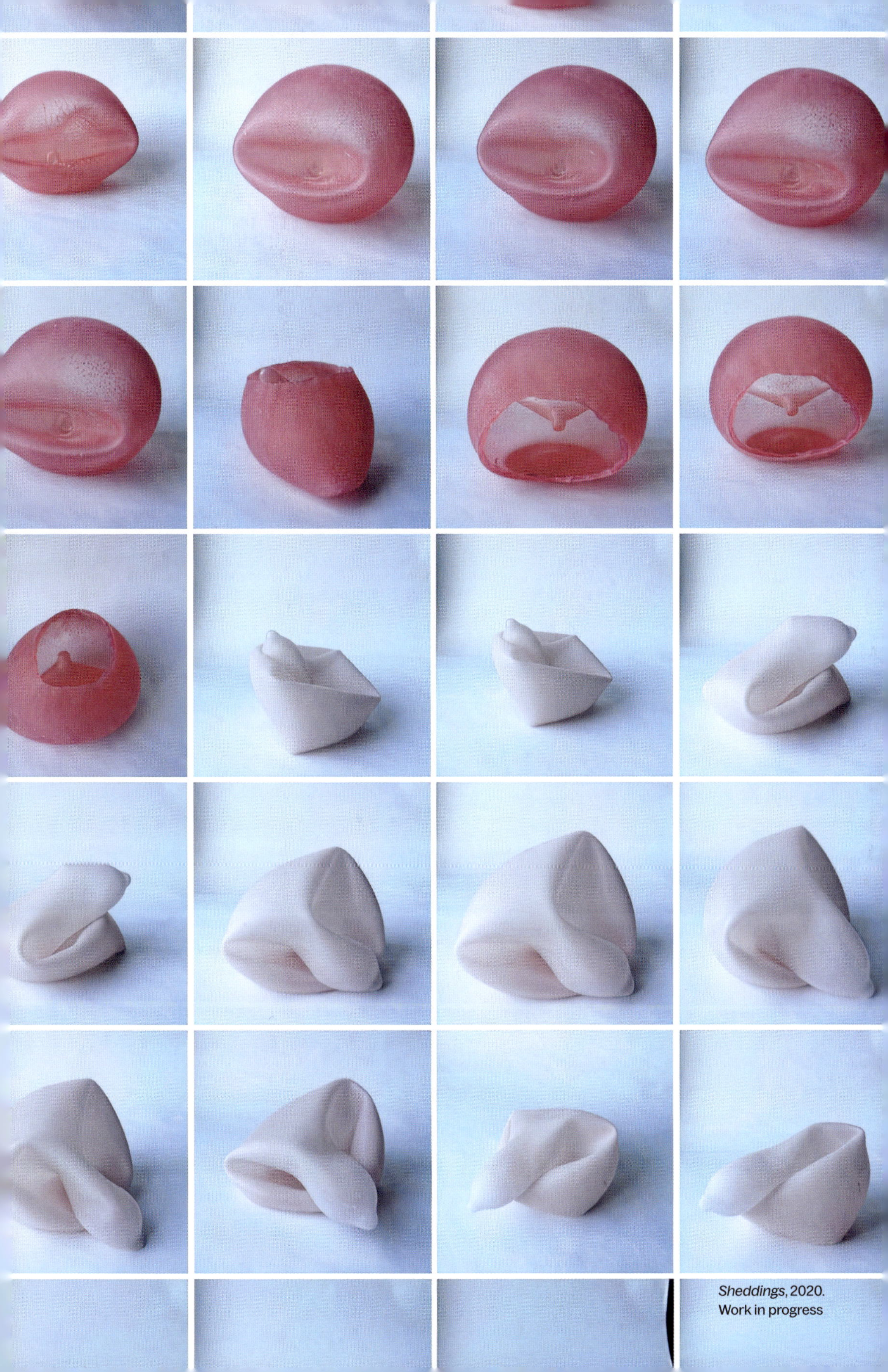

Sheddings, 2020.
Work in progress

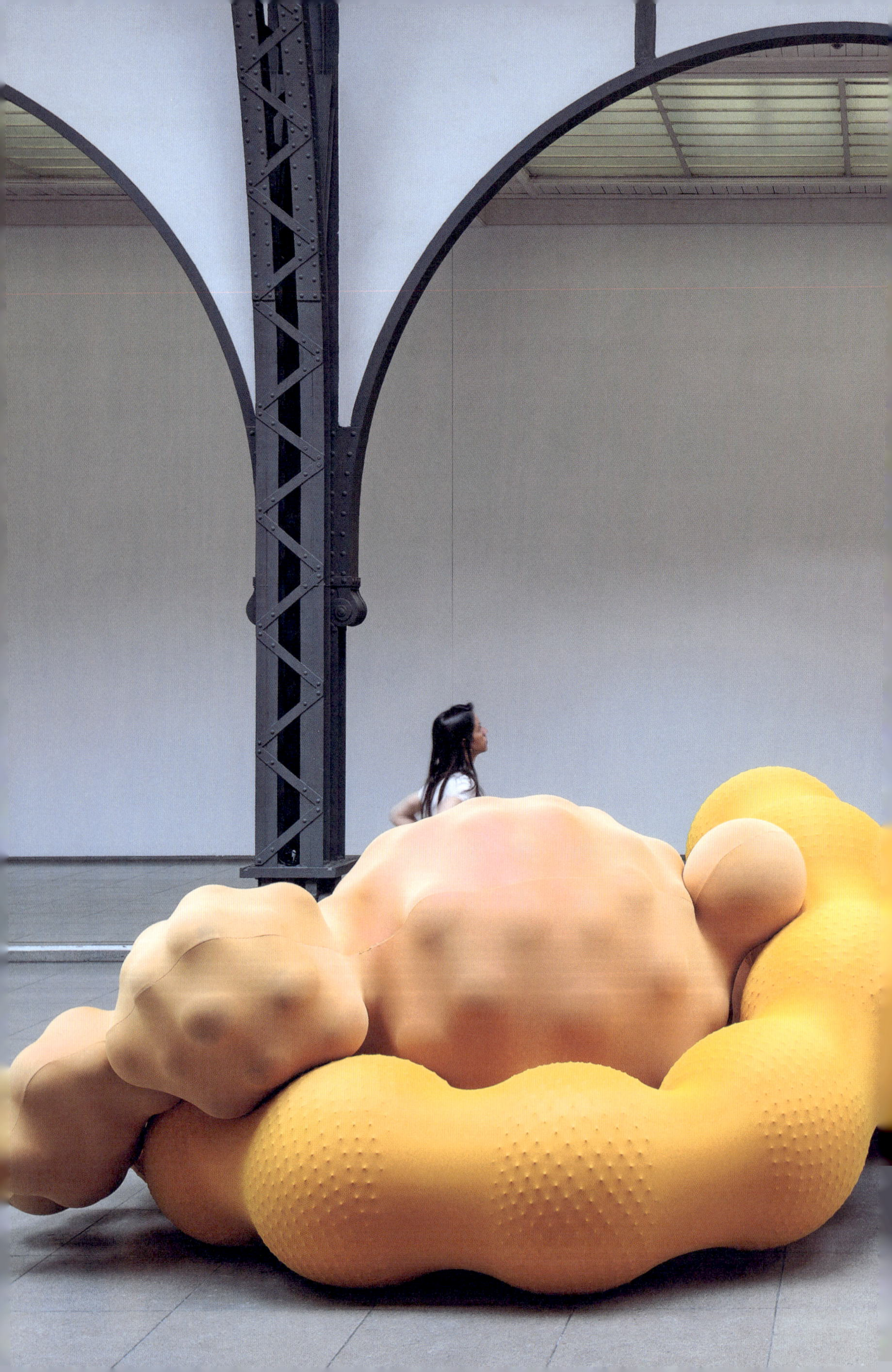

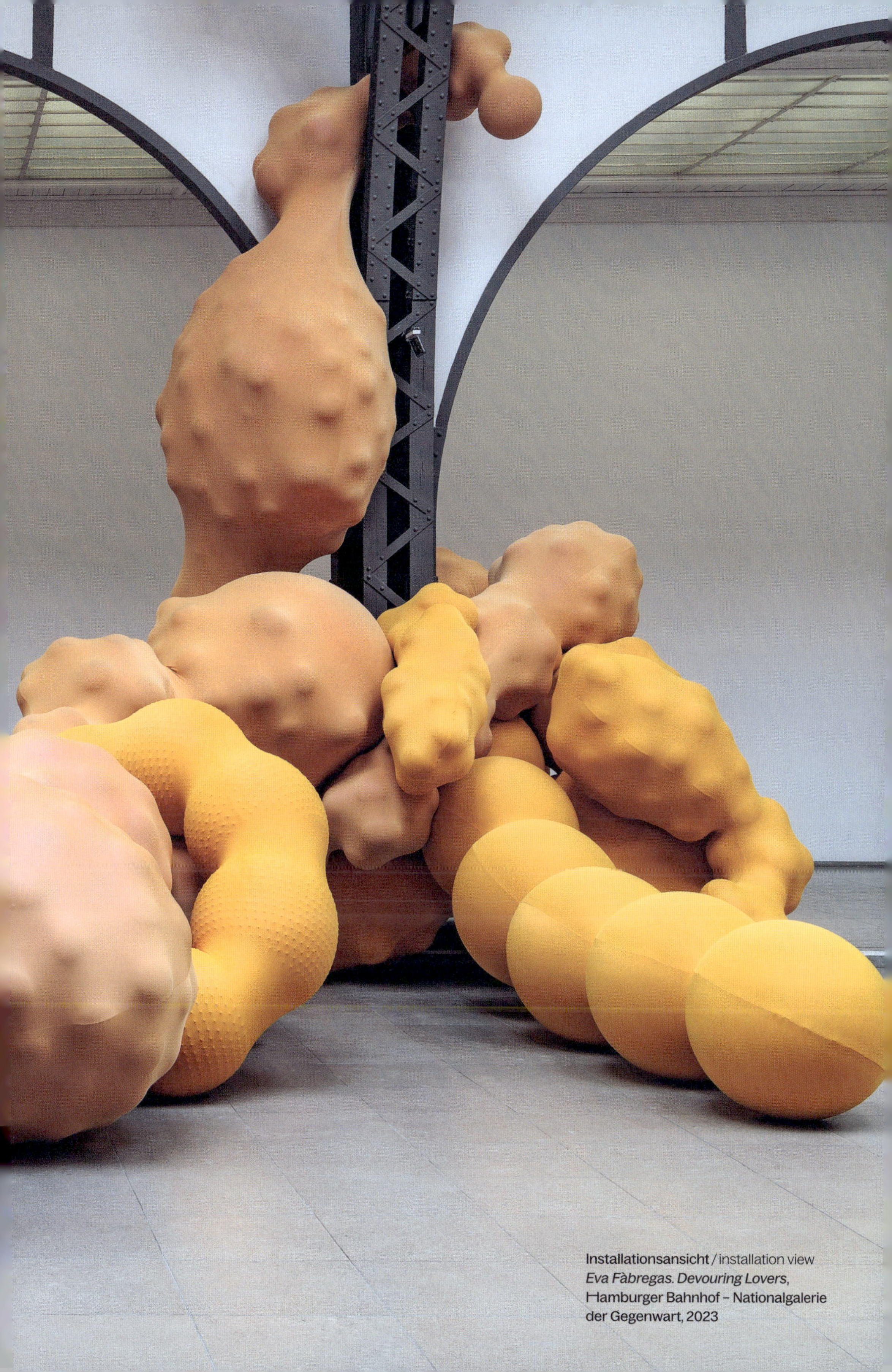

Installationsansicht / installation view
Eva Fàbregas. Devouring Lovers,
Hamburger Bahnhof – Nationalgalerie
der Gegenwart, 2023

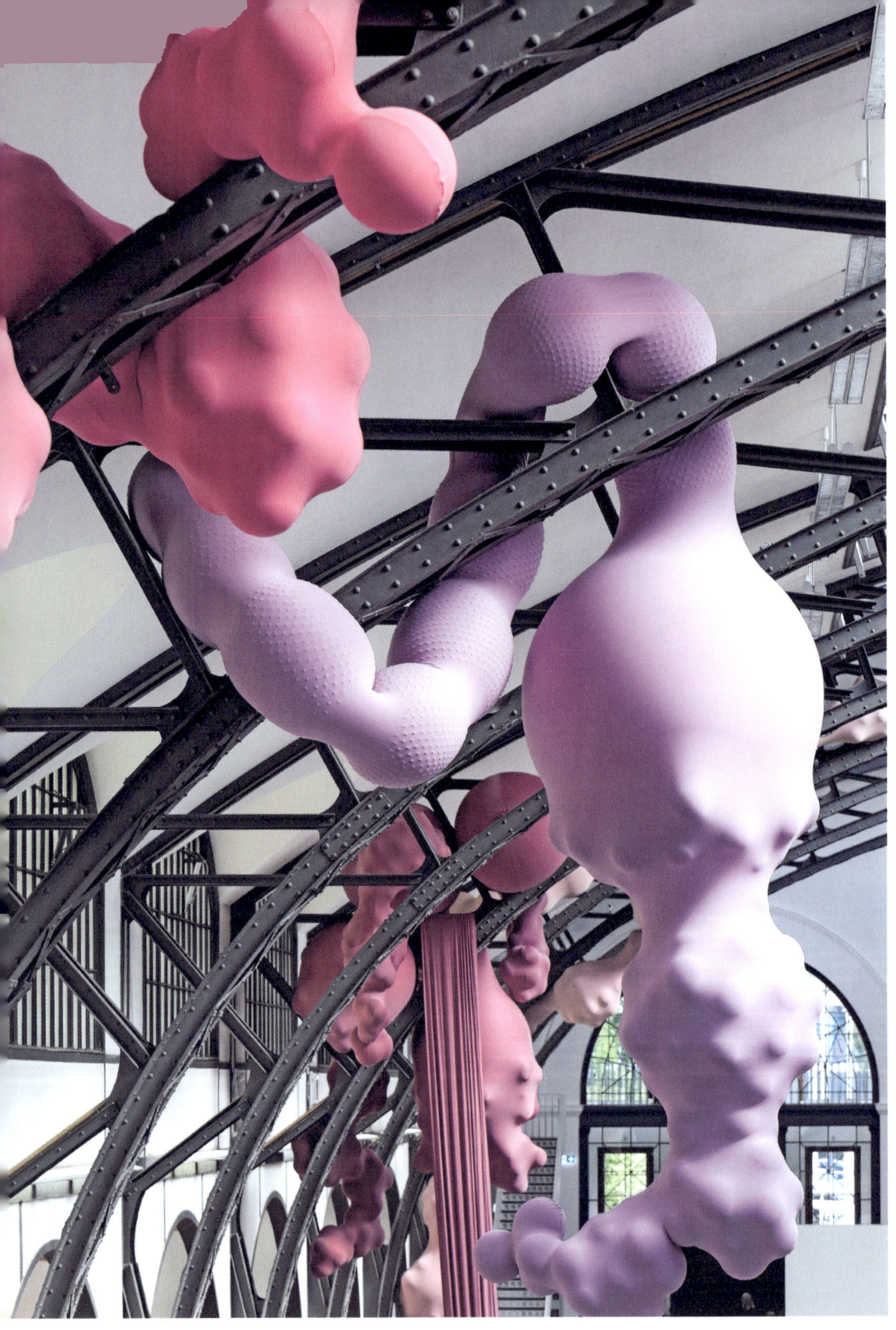

Installationsansicht / installation view
Eva Fàbregas. Devouring Lovers,
Hamburger Bahnhof – Nationalgalerie
der Gegenwart, 2023

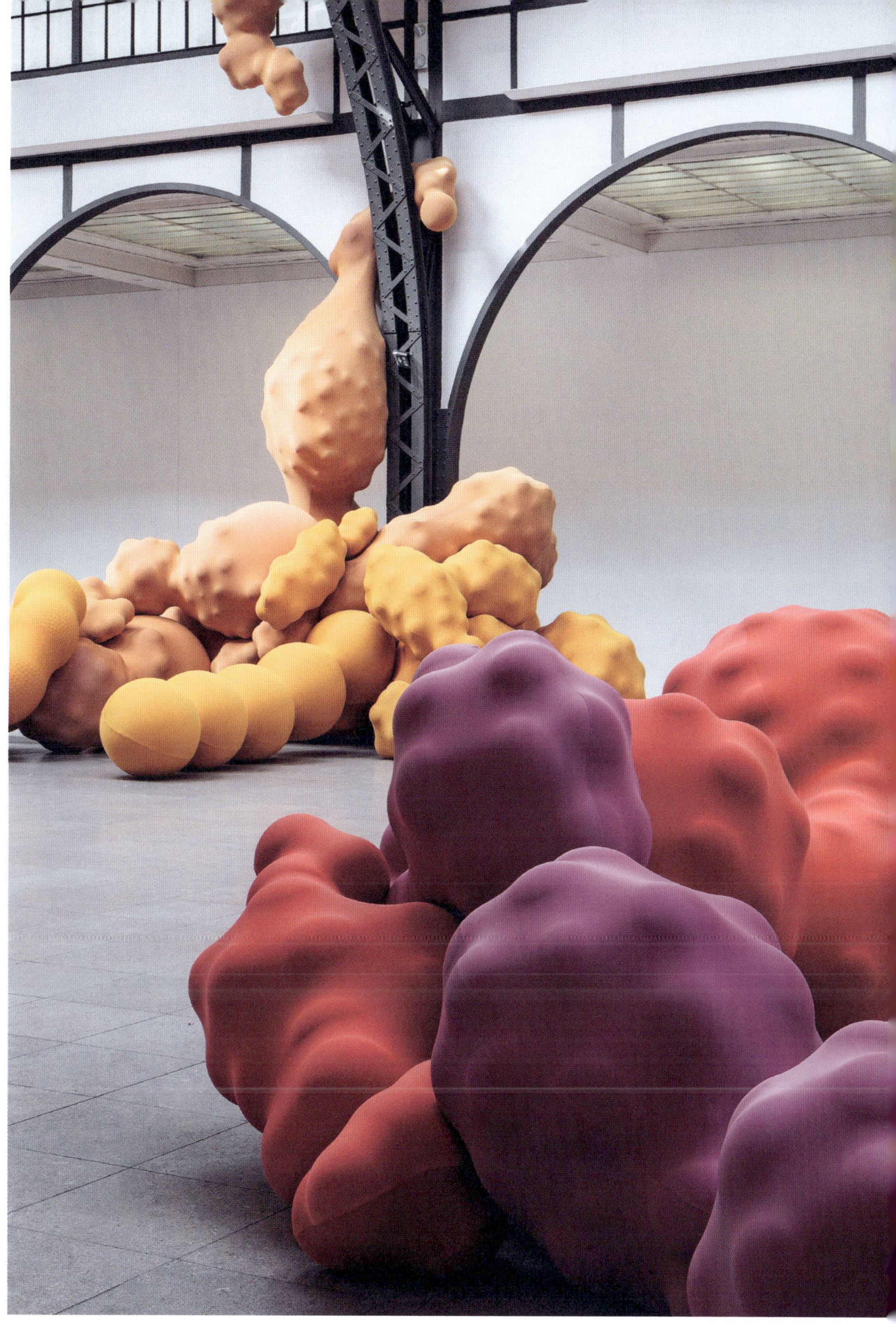

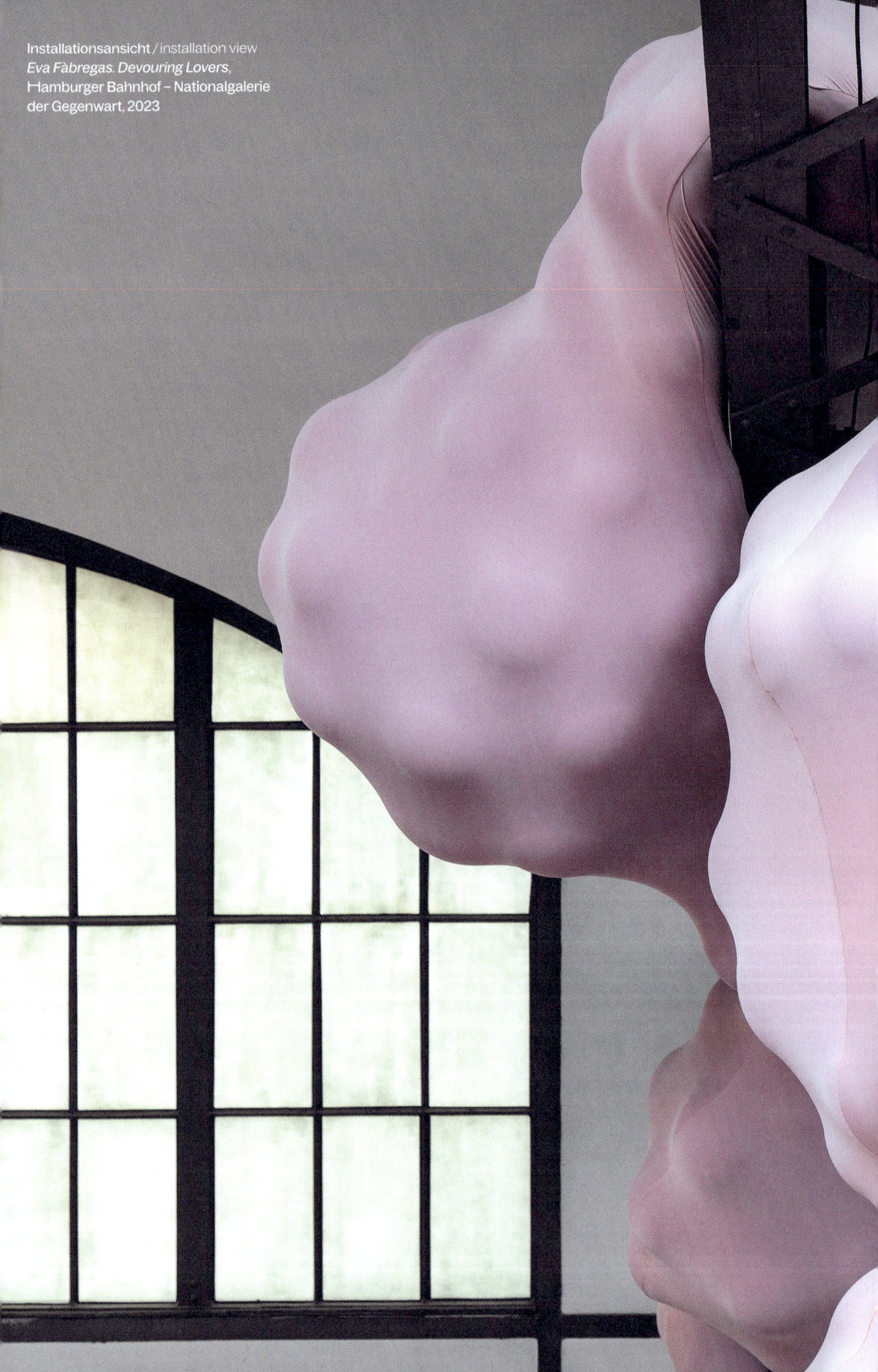

Installationsansicht / installation view
Eva Fàbregas. Devouring Lovers,
Hamburger Bahnhof – Nationalgalerie
der Gegenwart, 2023

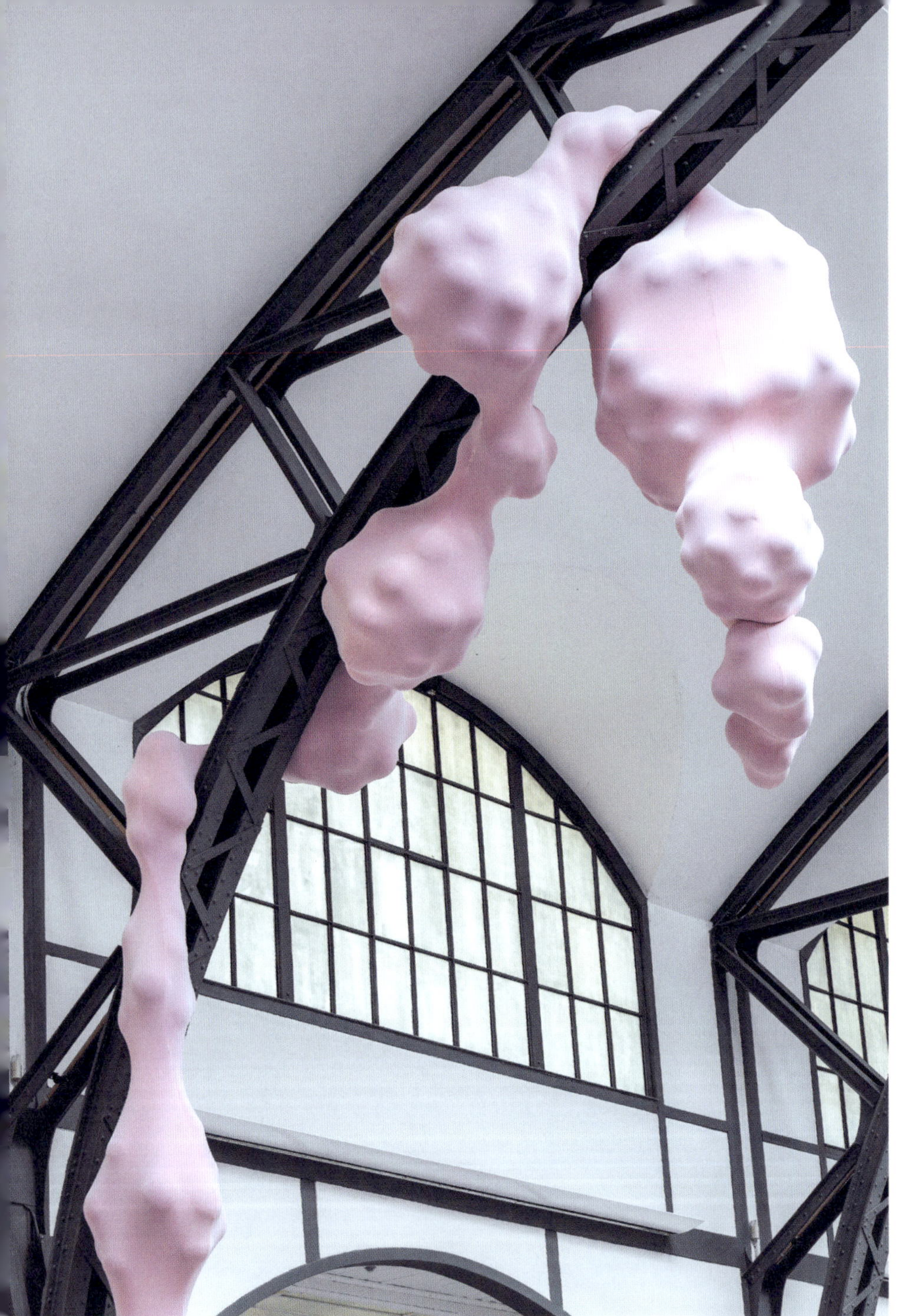

Installationsansicht / installation view
Eva Fàbregas. Devouring Lovers,
Hamburger Bahnhof – Nationalgalerie
der Gegenwart, 2023

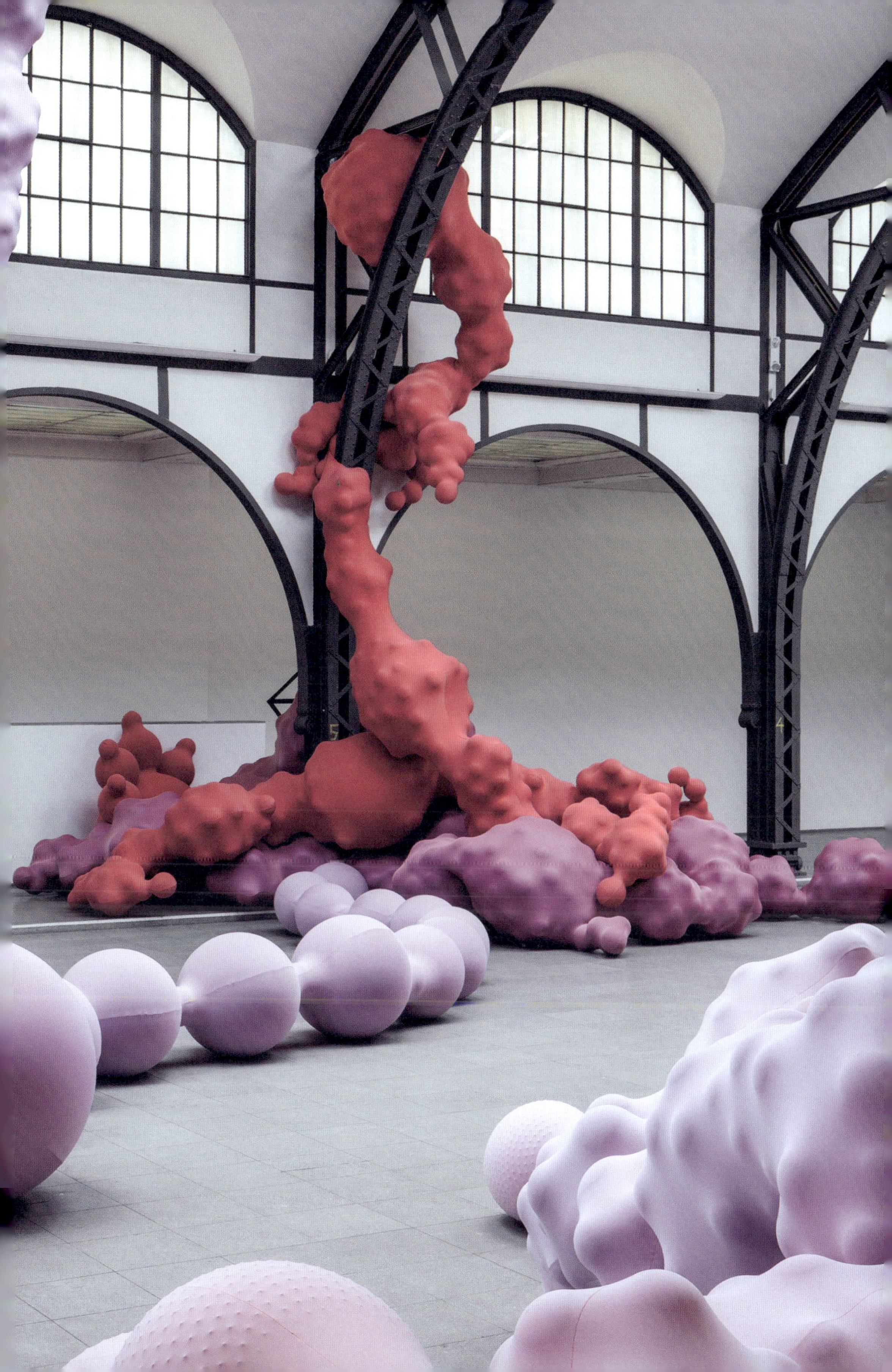

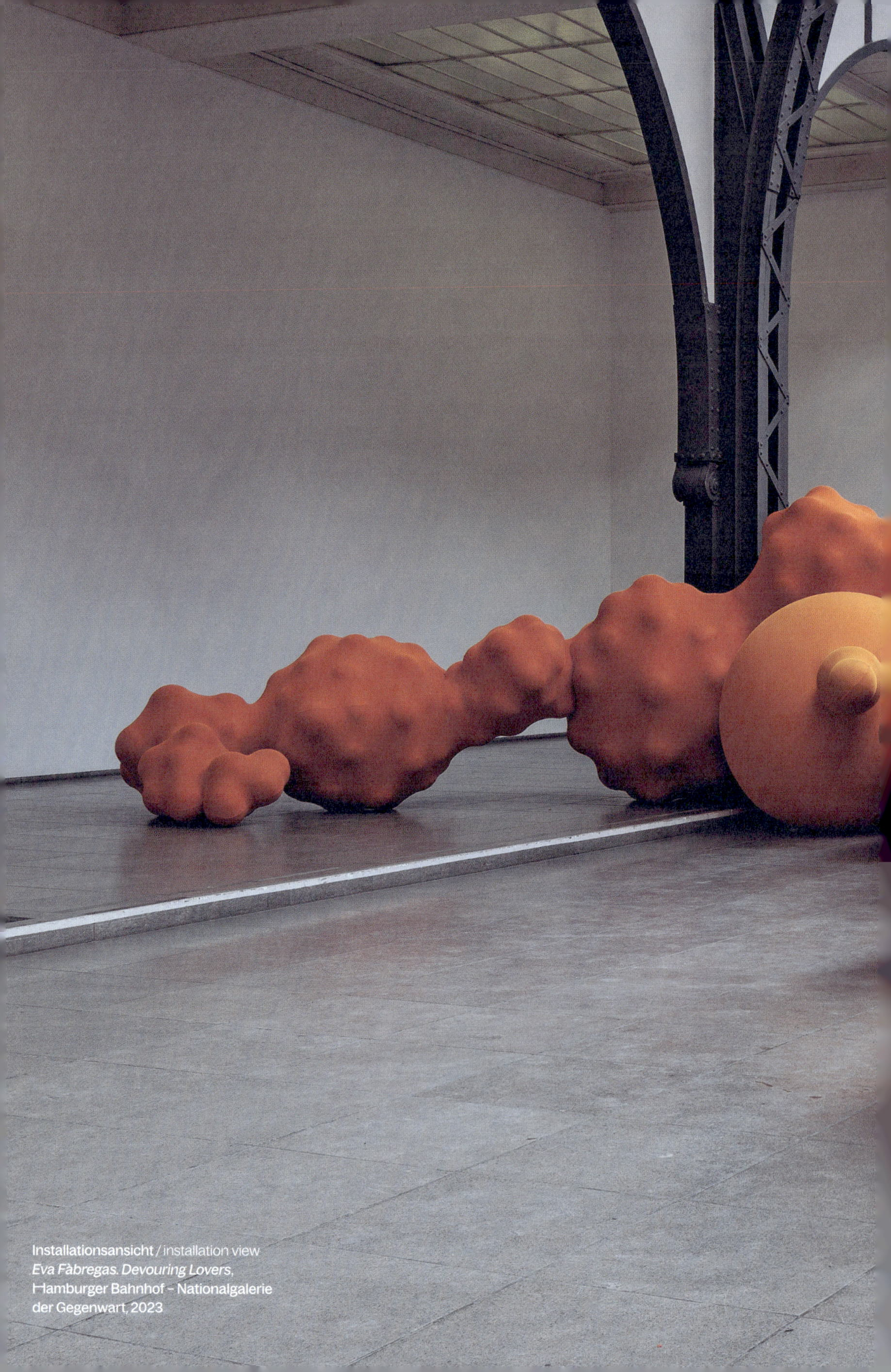

Installationsansicht / installation view
Eva Fàbregas. Devouring Lovers,
Hamburger Bahnhof – Nationalgalerie
der Gegenwart, 2023

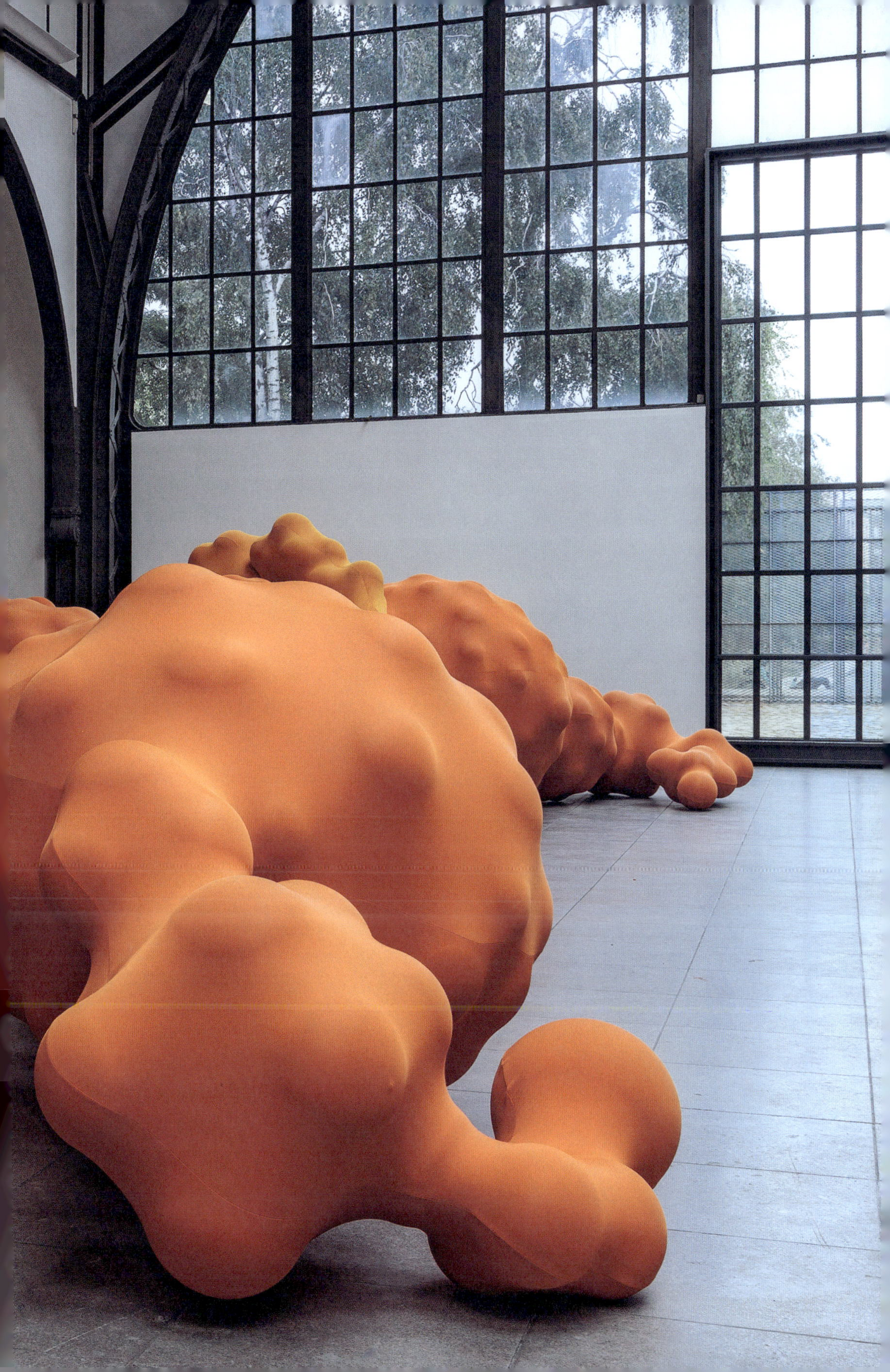

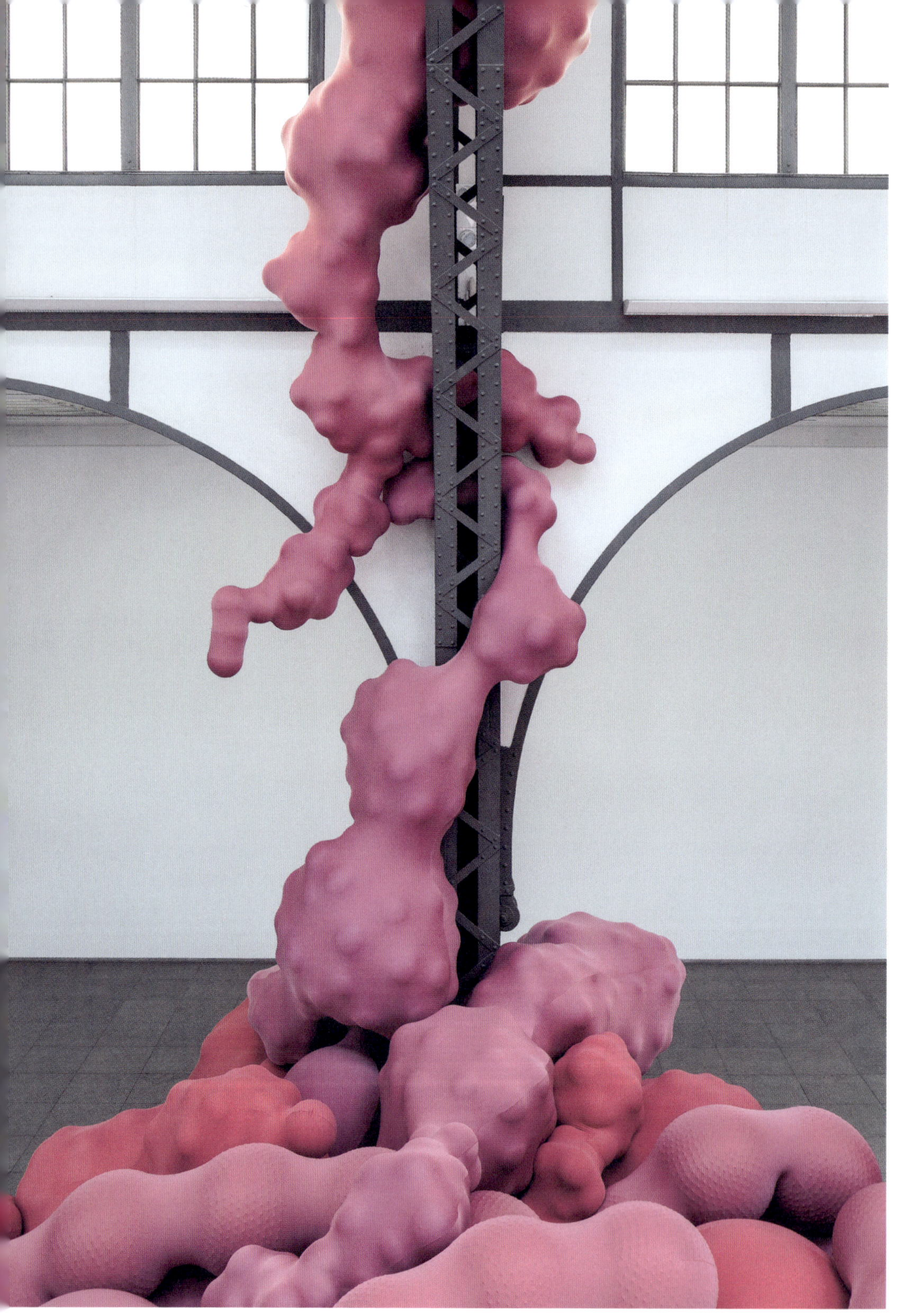

Installationsansicht / installation view
Eva Fàbregas. Devouring Lovers,
Hamburger Bahnhof – Nationalgalerie
der Gegenwart, 2023

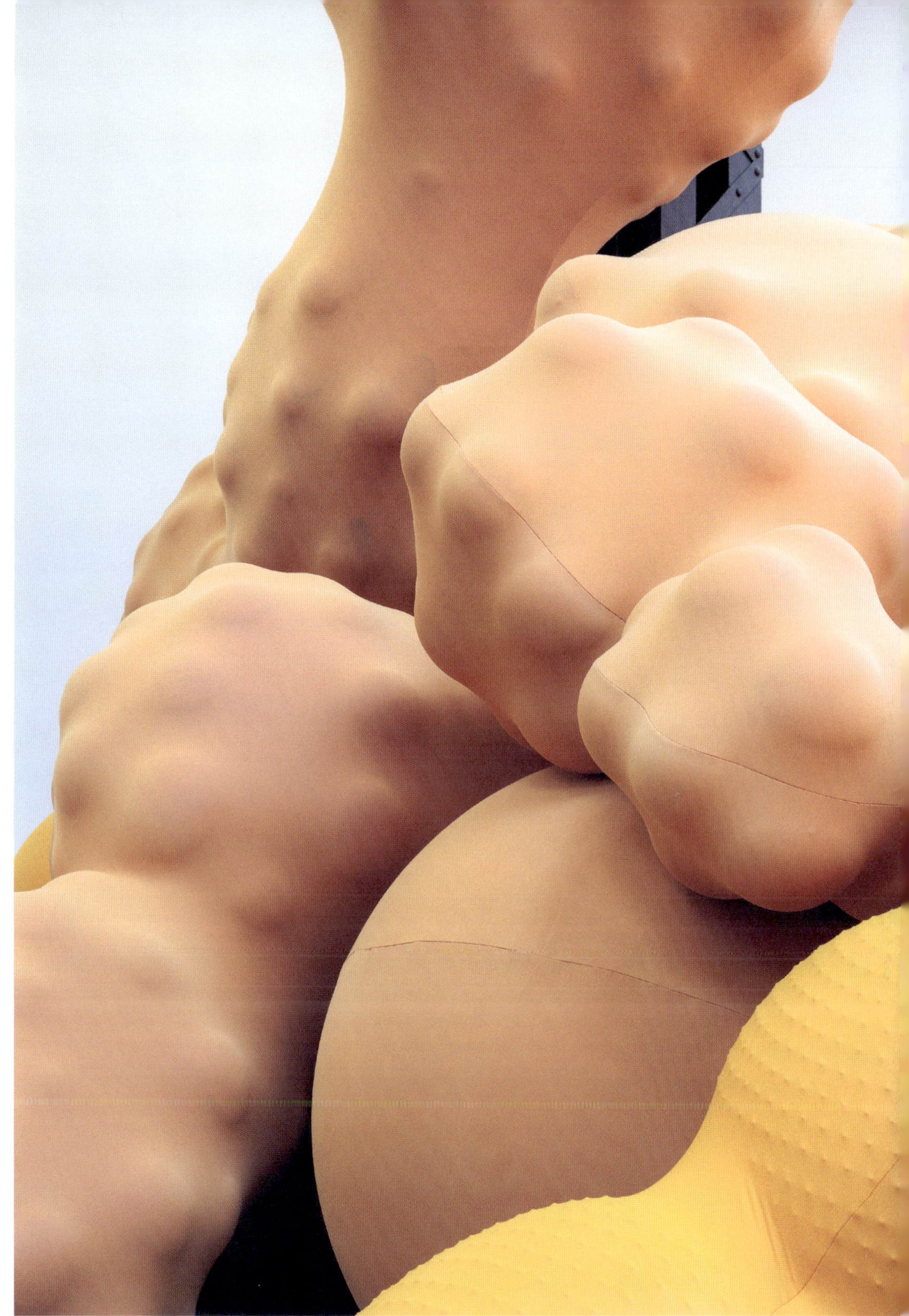

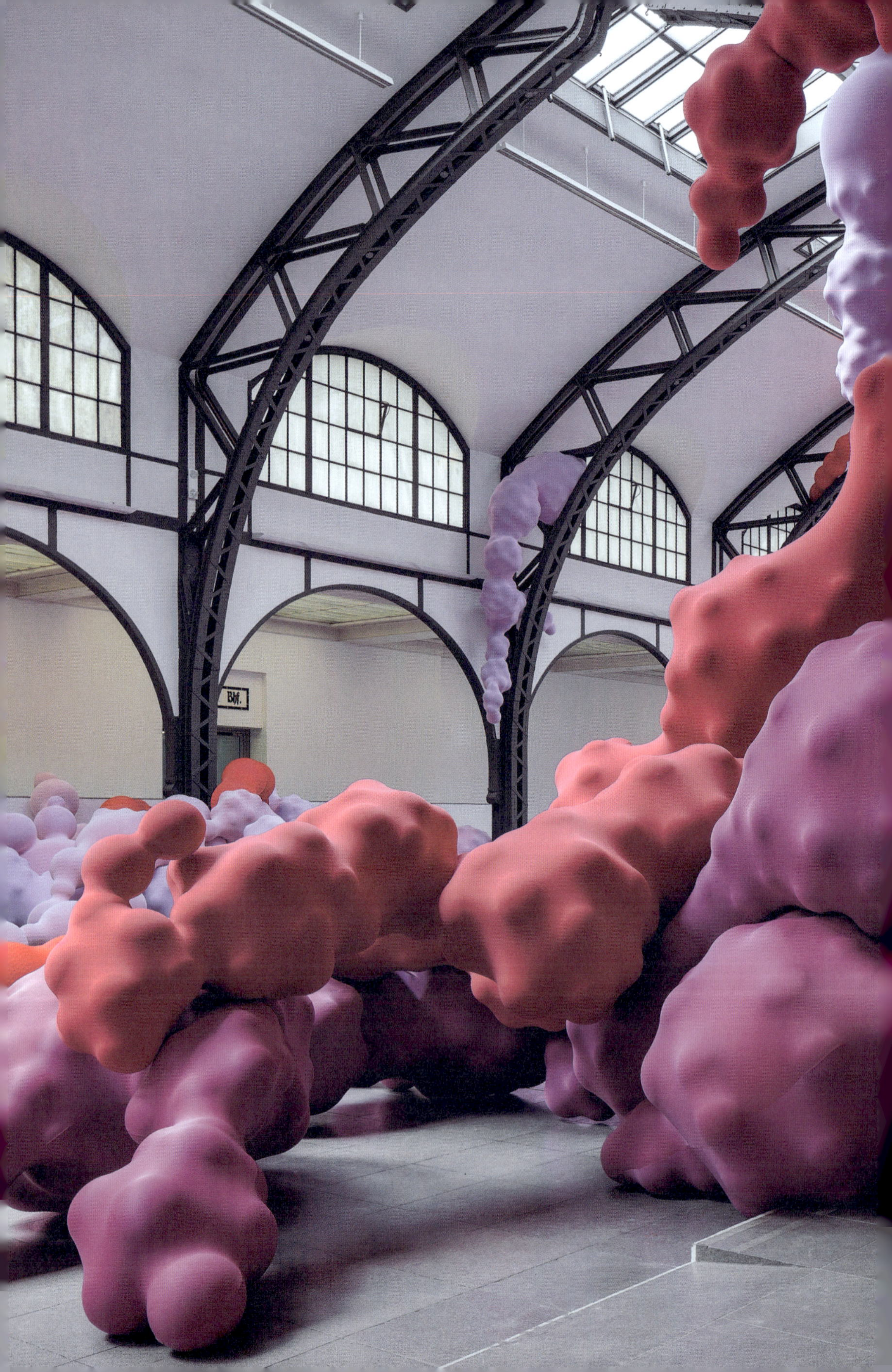
Bhf.

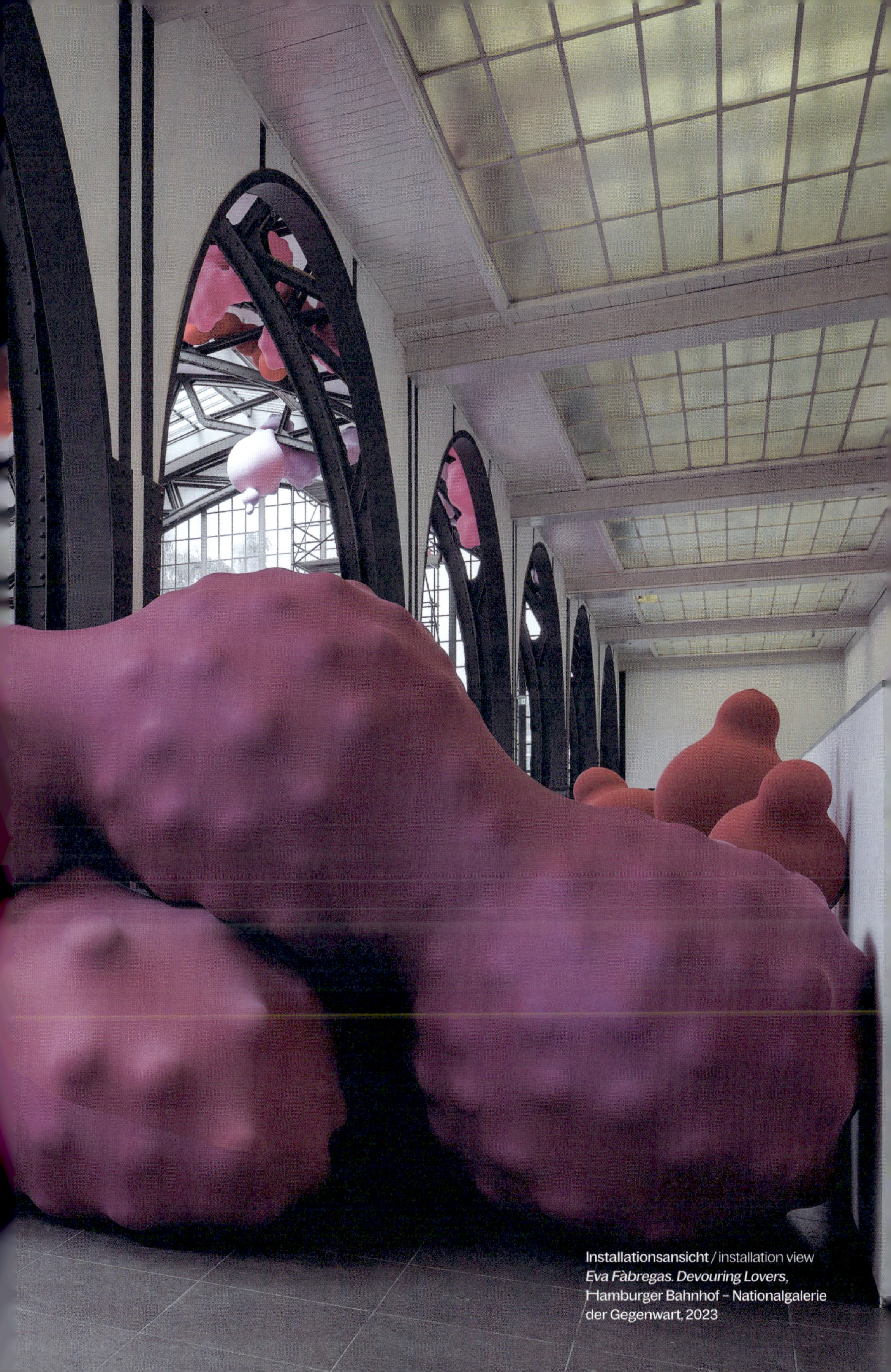

Installationsansicht / installation view
Eva Fàbregas. Devouring Lovers,
Hamburger Bahnhof – Nationalgalerie
der Gegenwart, 2023

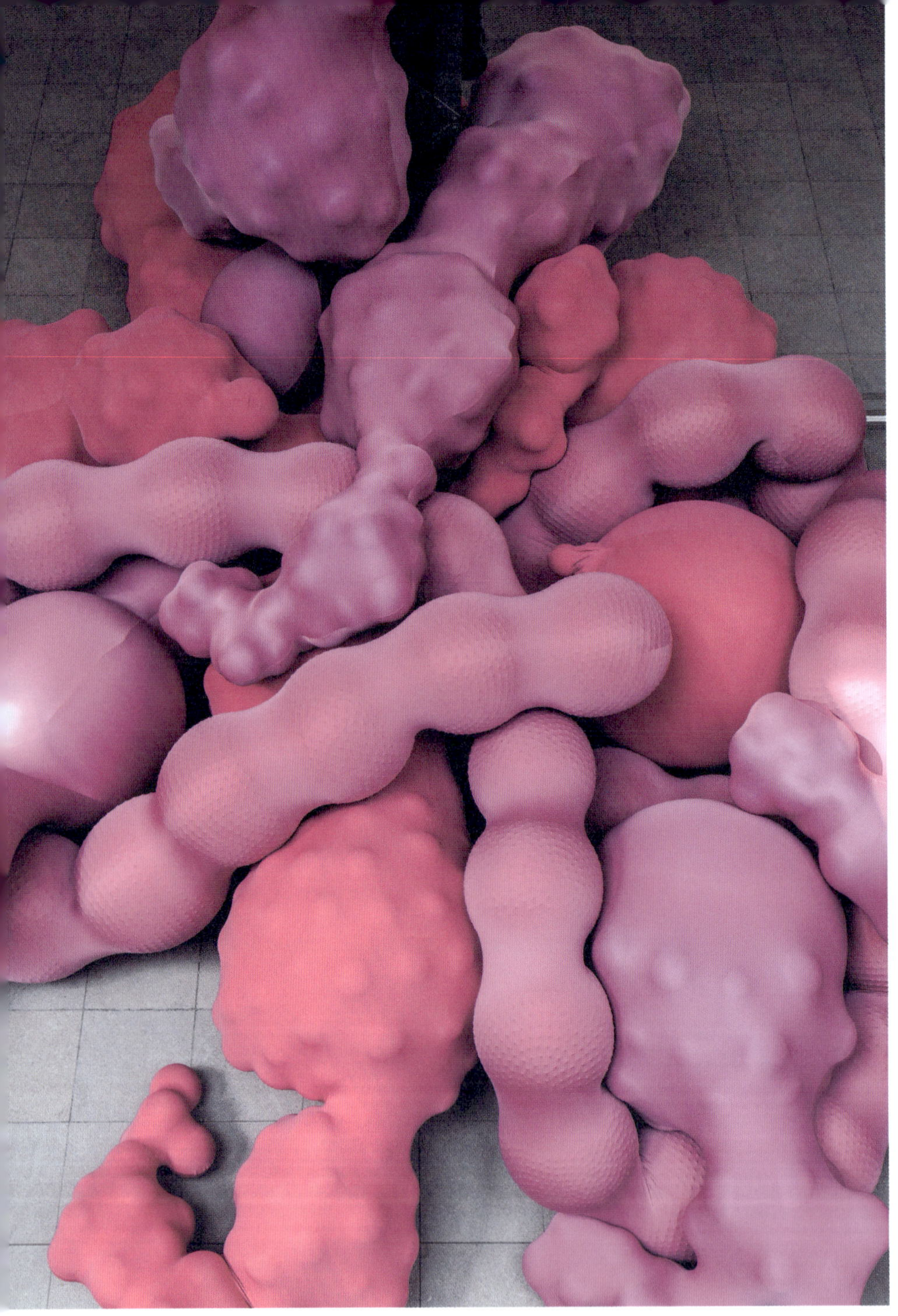

Installationsansicht / installation view
Eva Fàbregas. Devouring Lovers,
Hamburger Bahnhof – Nationalgalerie
der Gegenwart, 2023

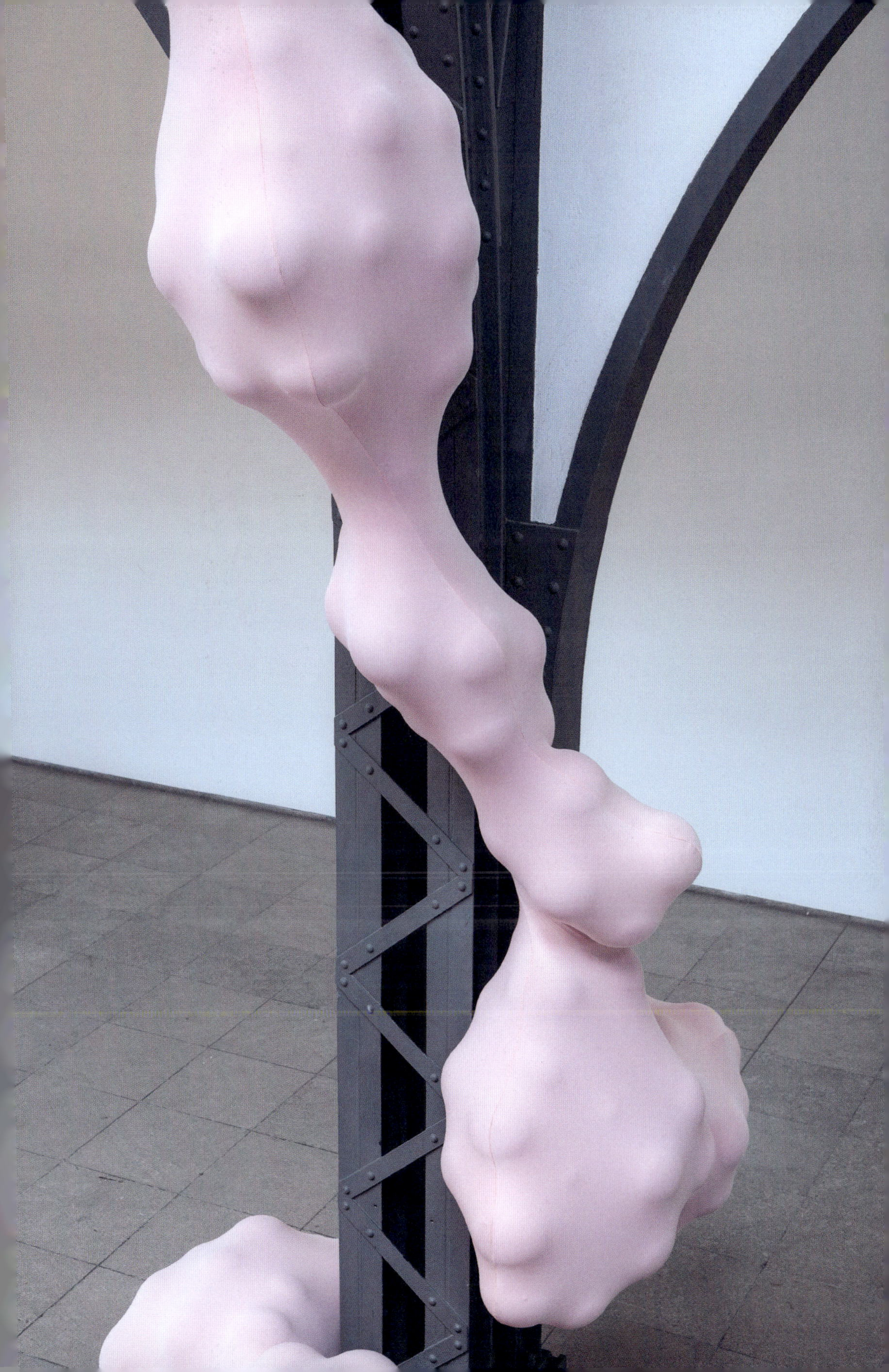

Zeichnungen /Drawings von /by Eva Fàbregas

Eva Fàbregas, *Polifilia*.
2020–fortlaufende Zeichnungsserie /
ongoing series of drawings

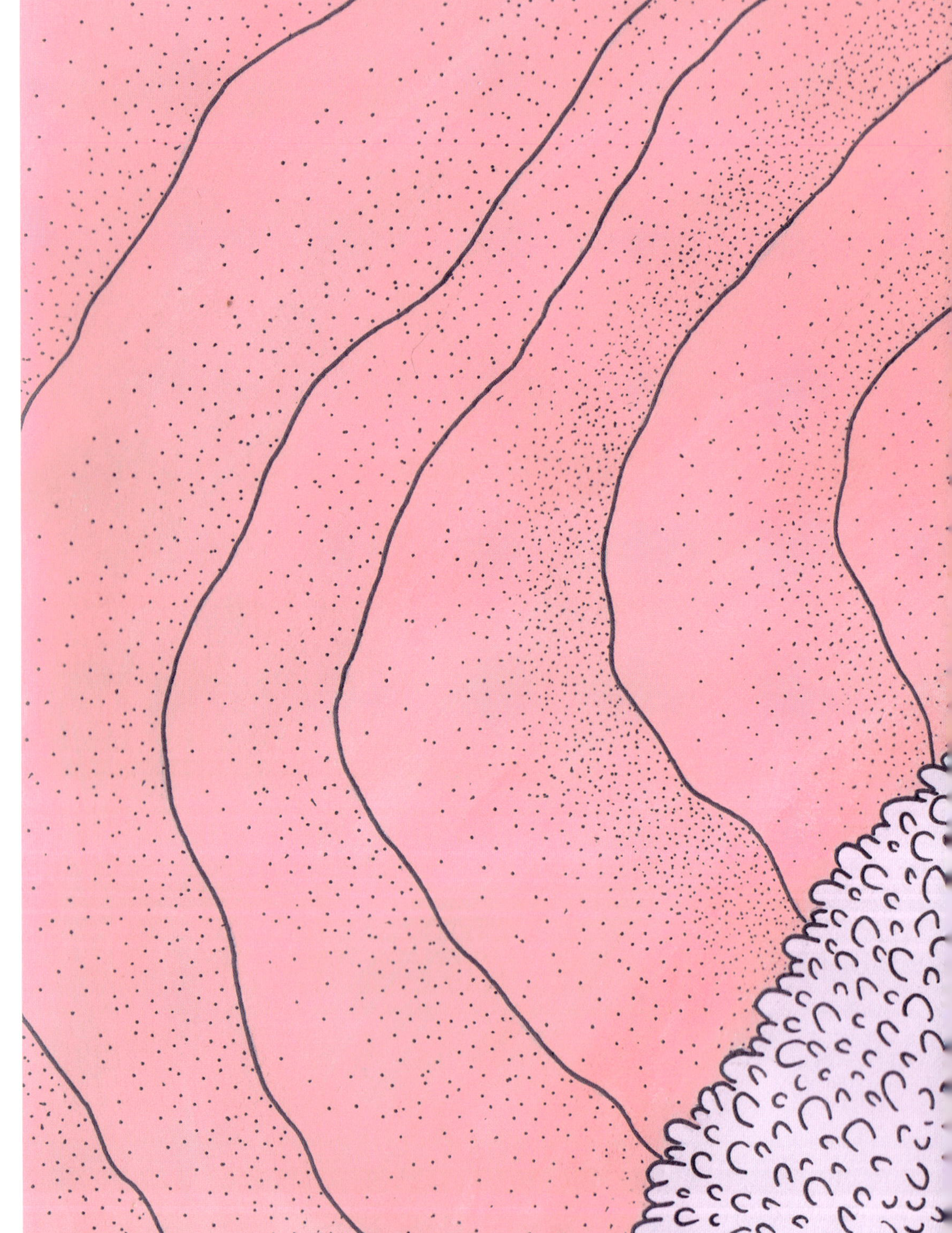

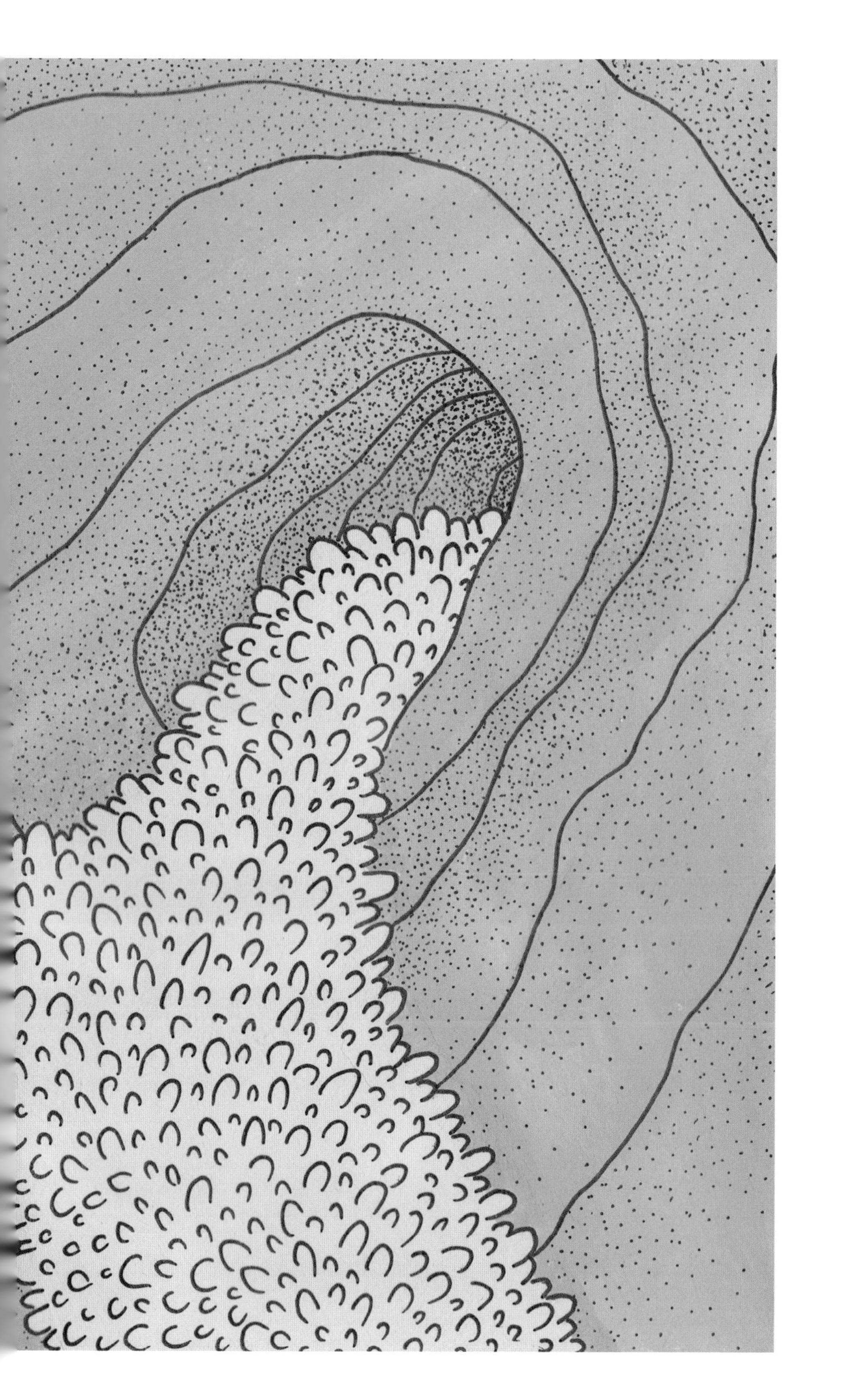

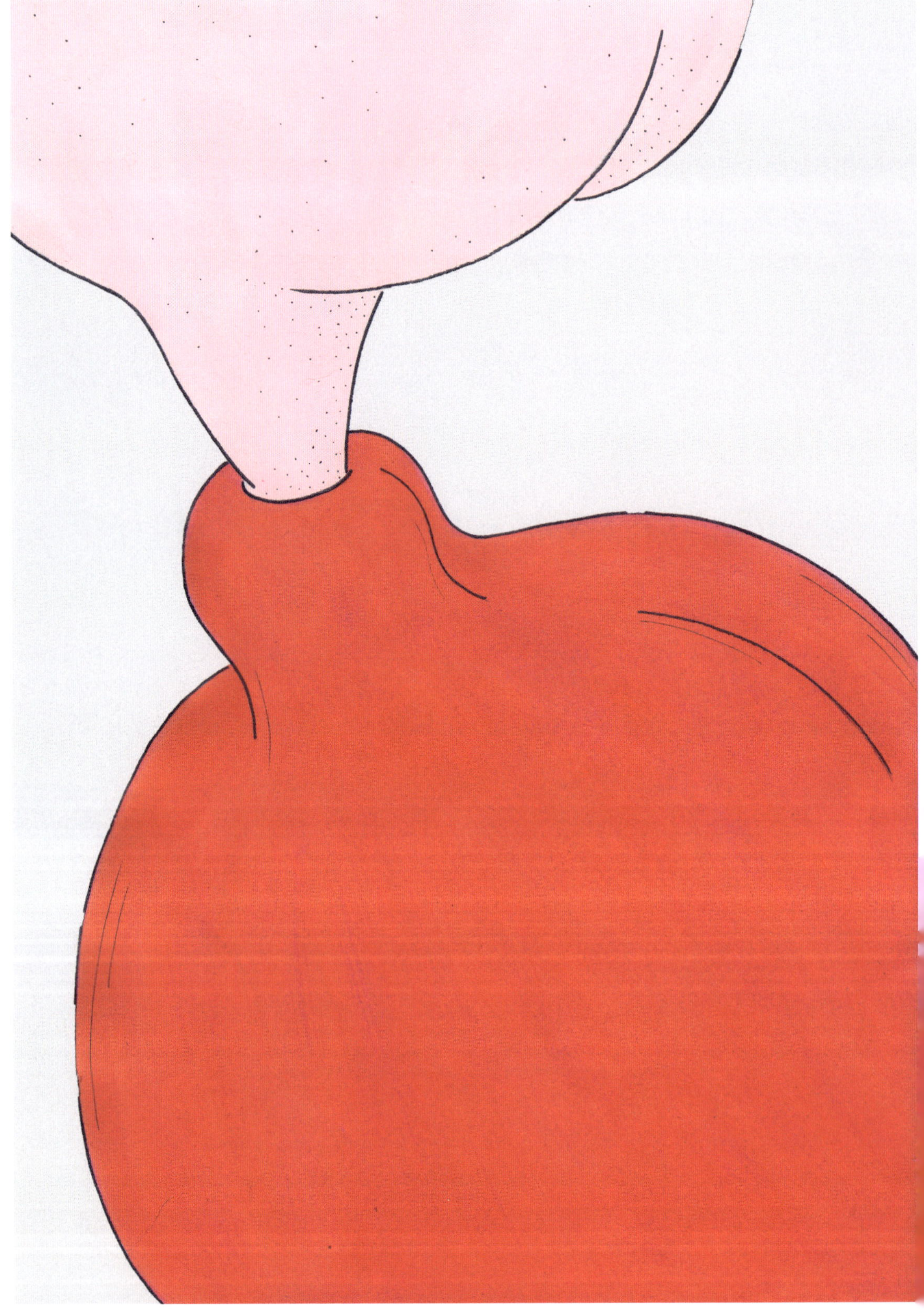

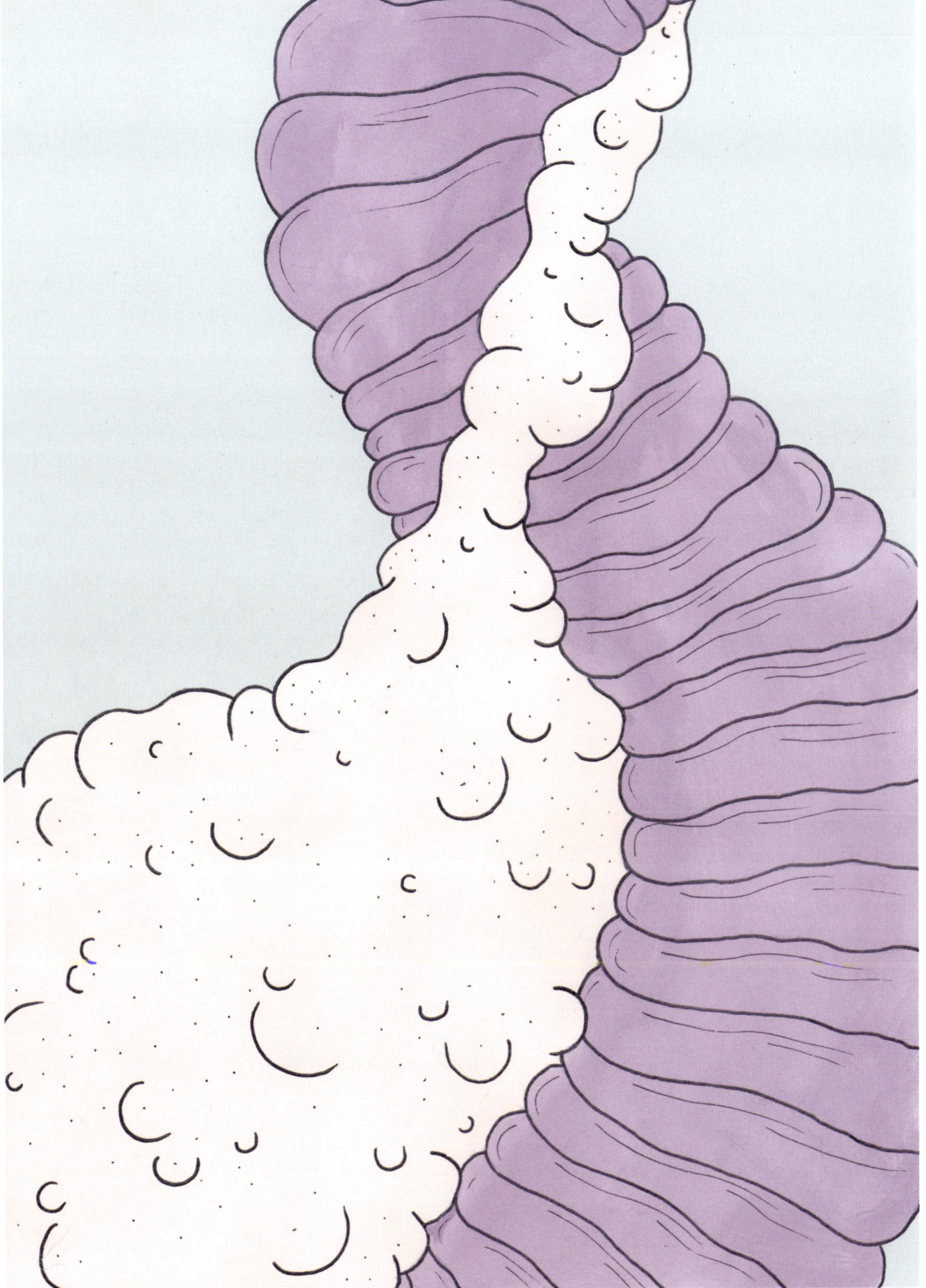

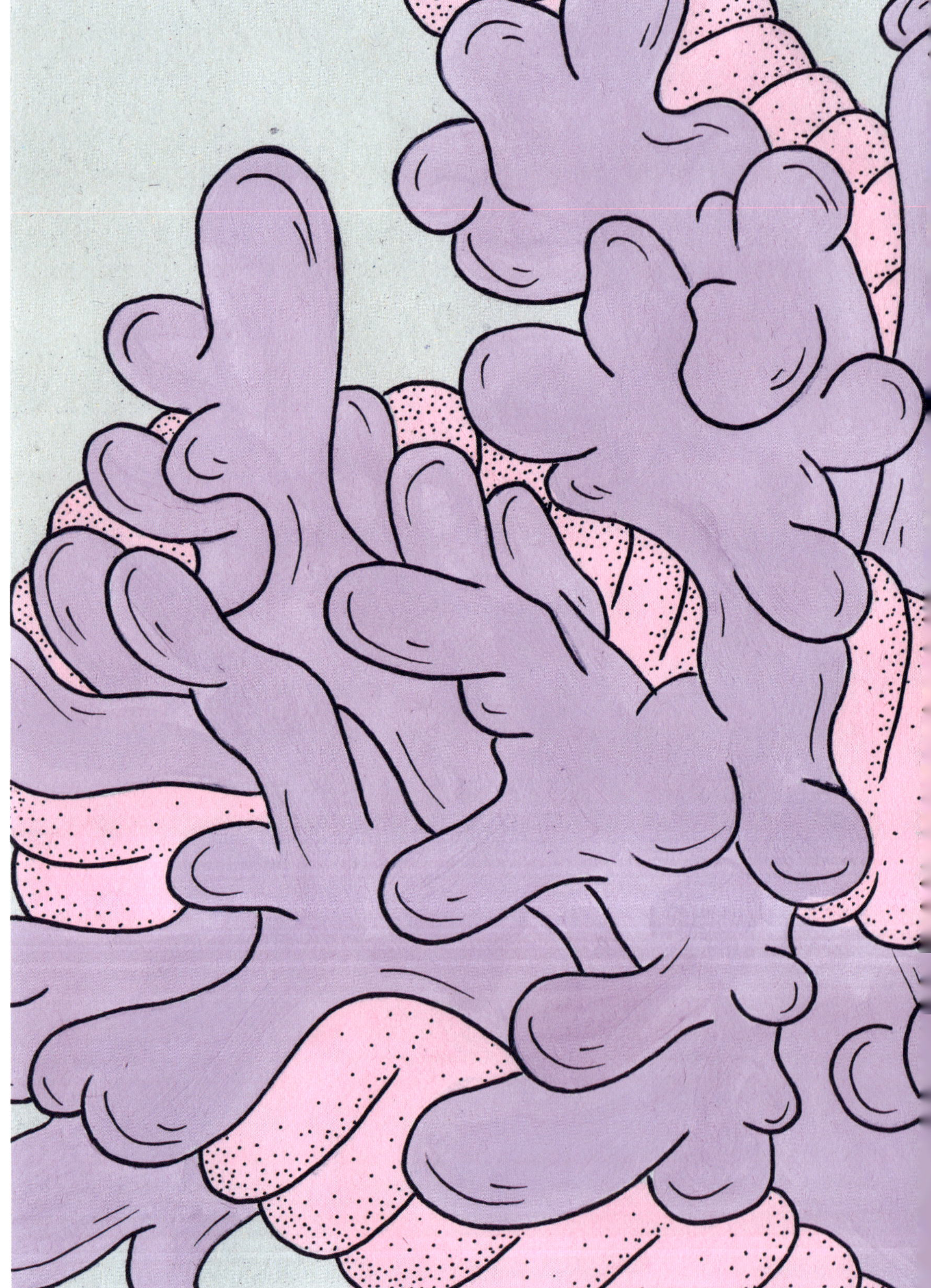

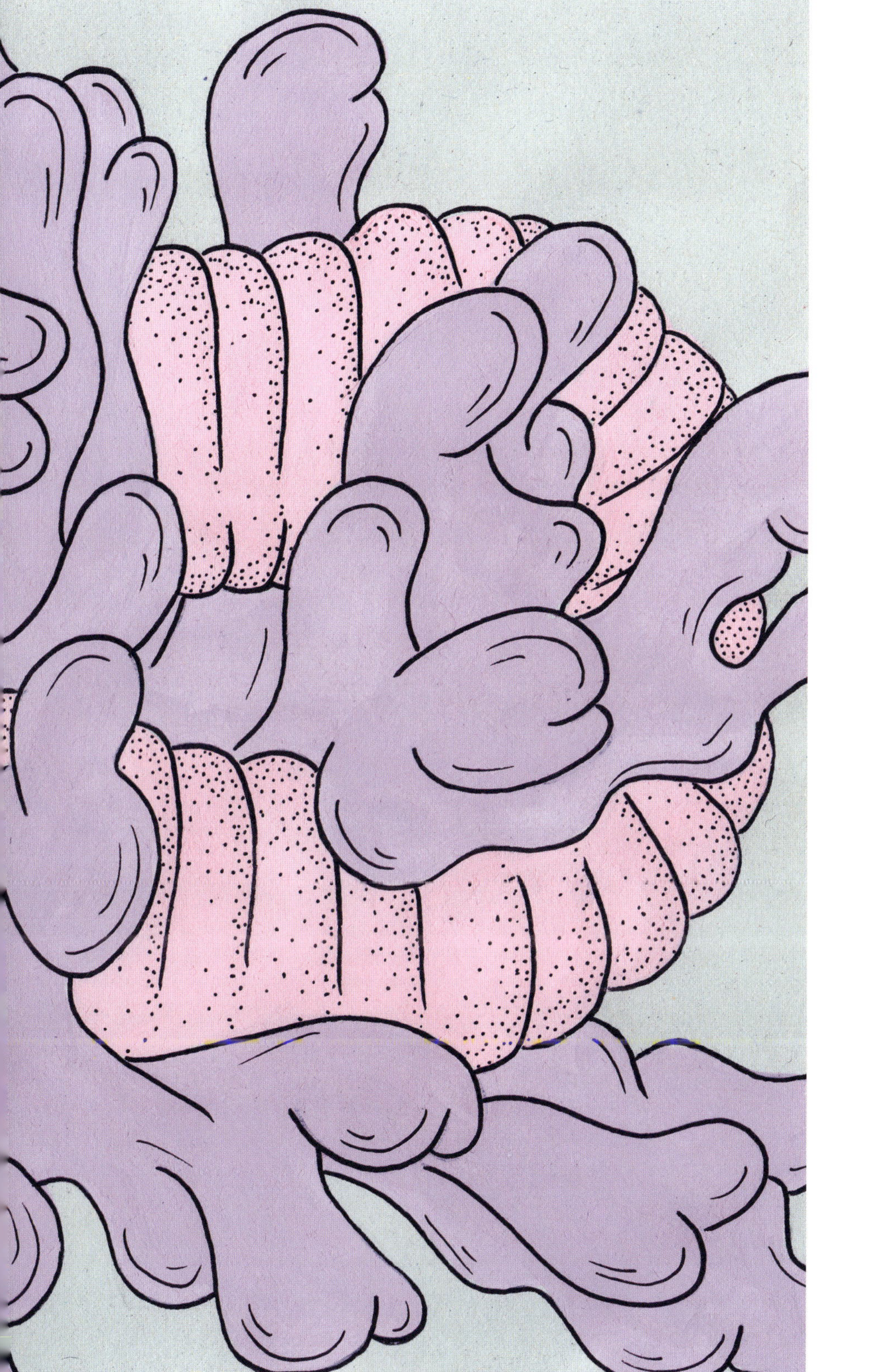

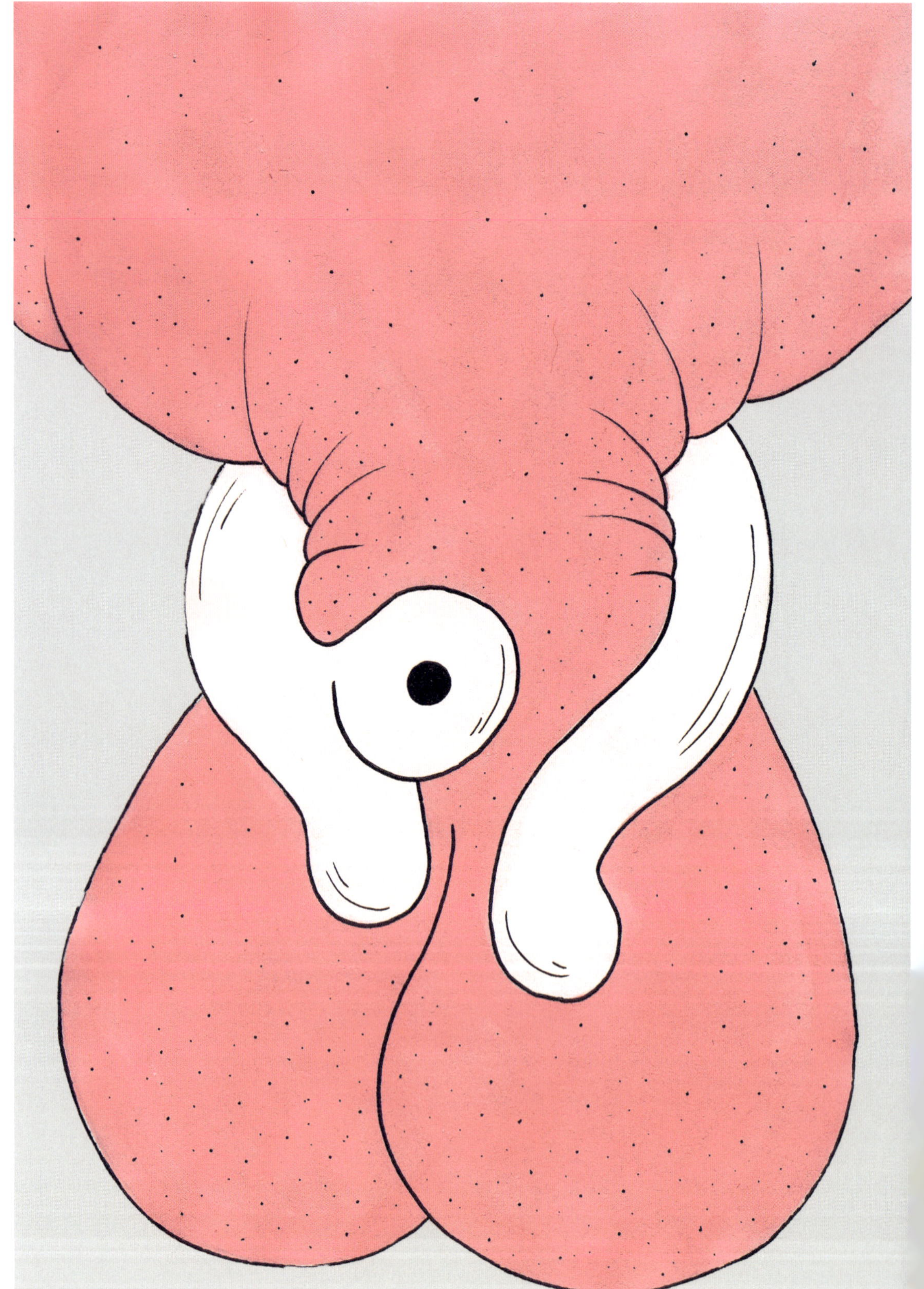

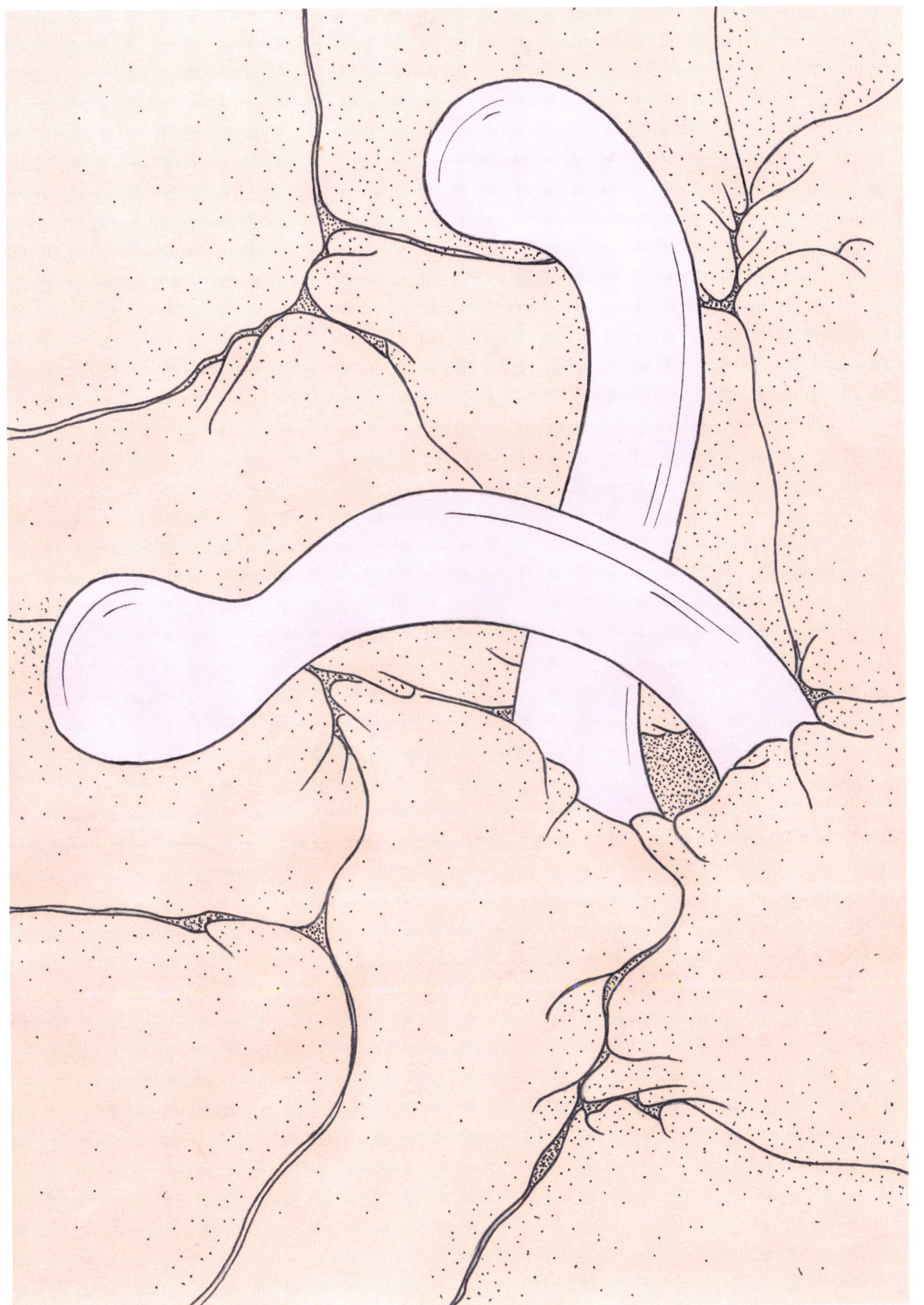

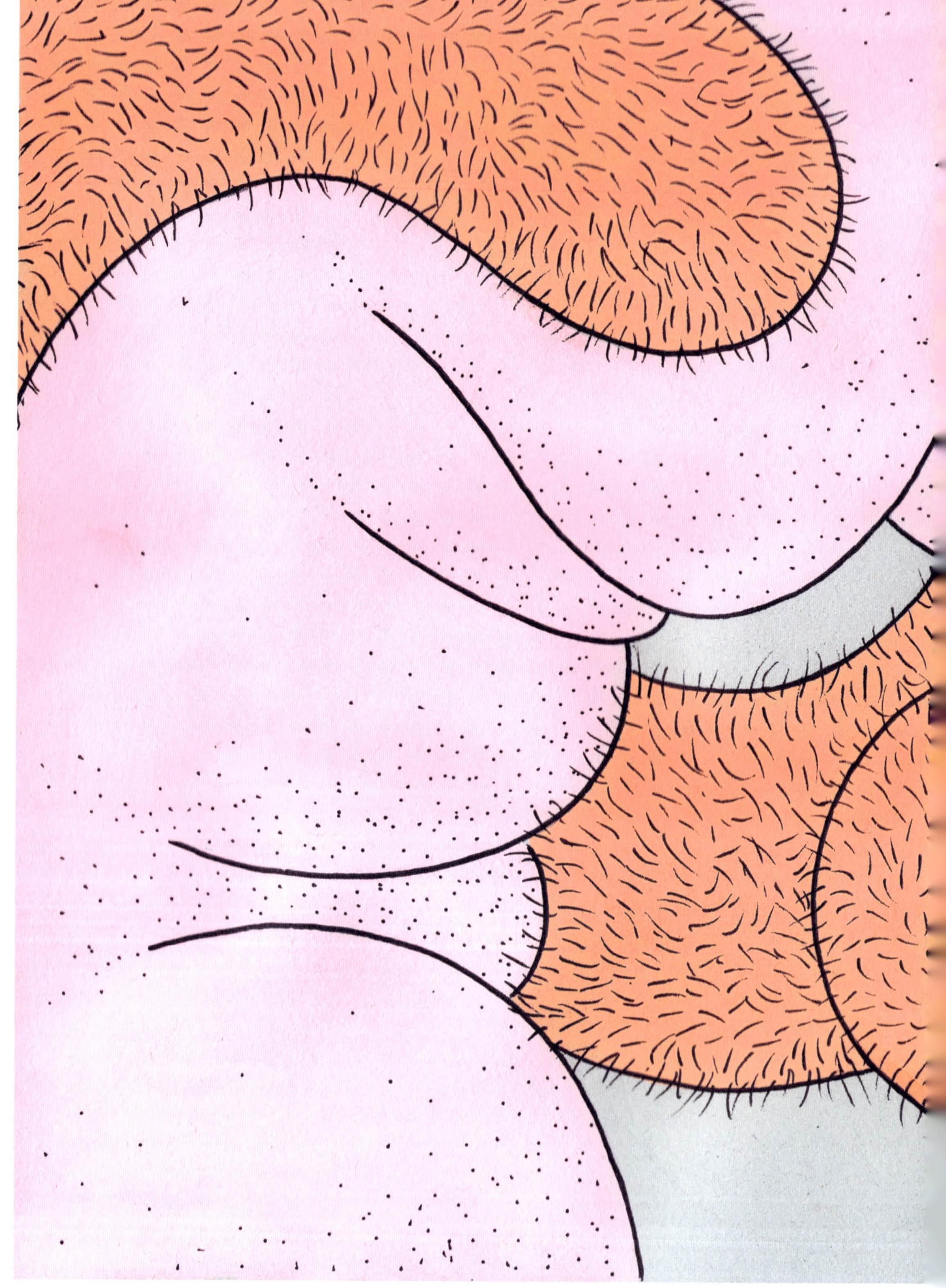

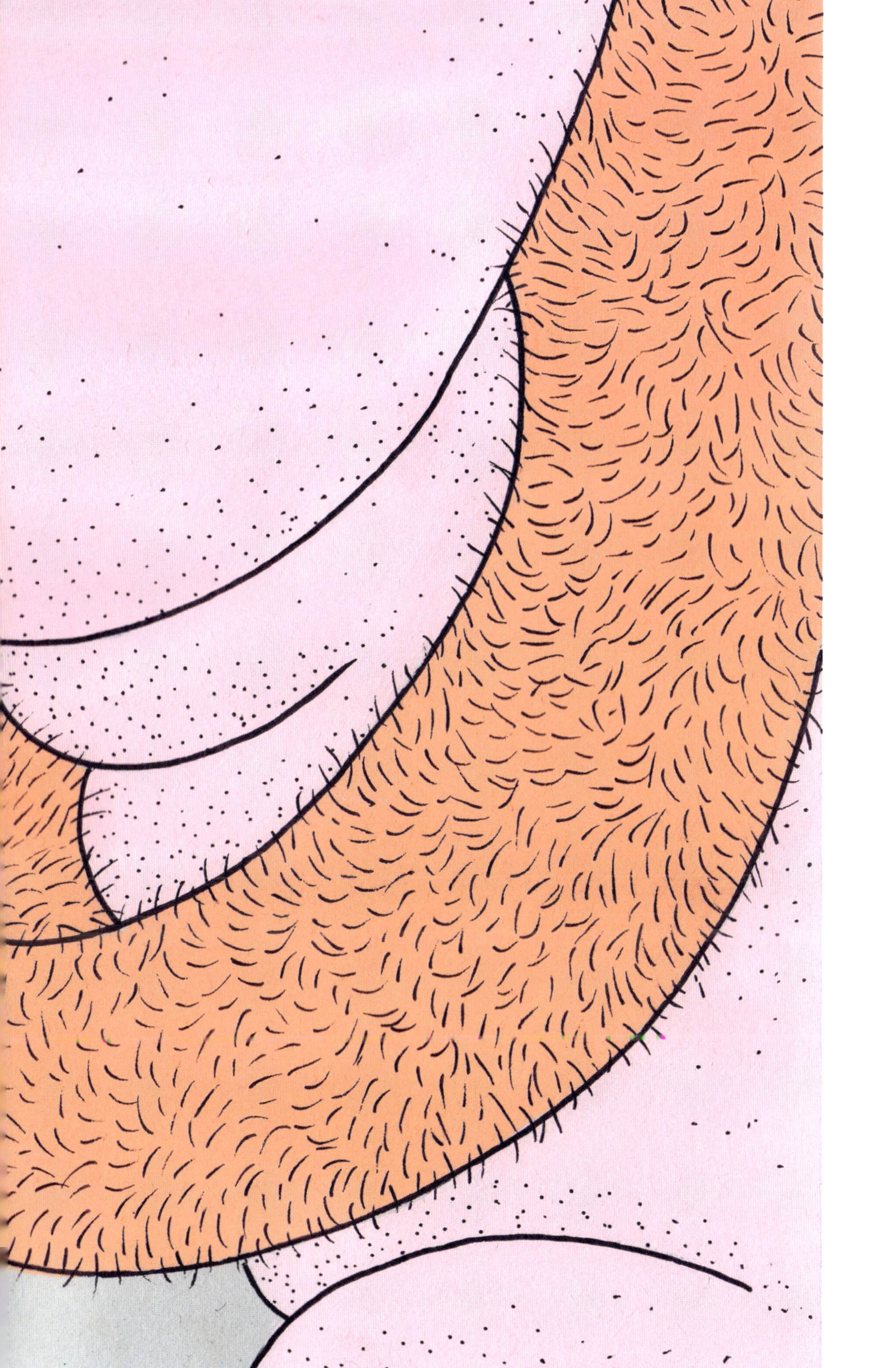

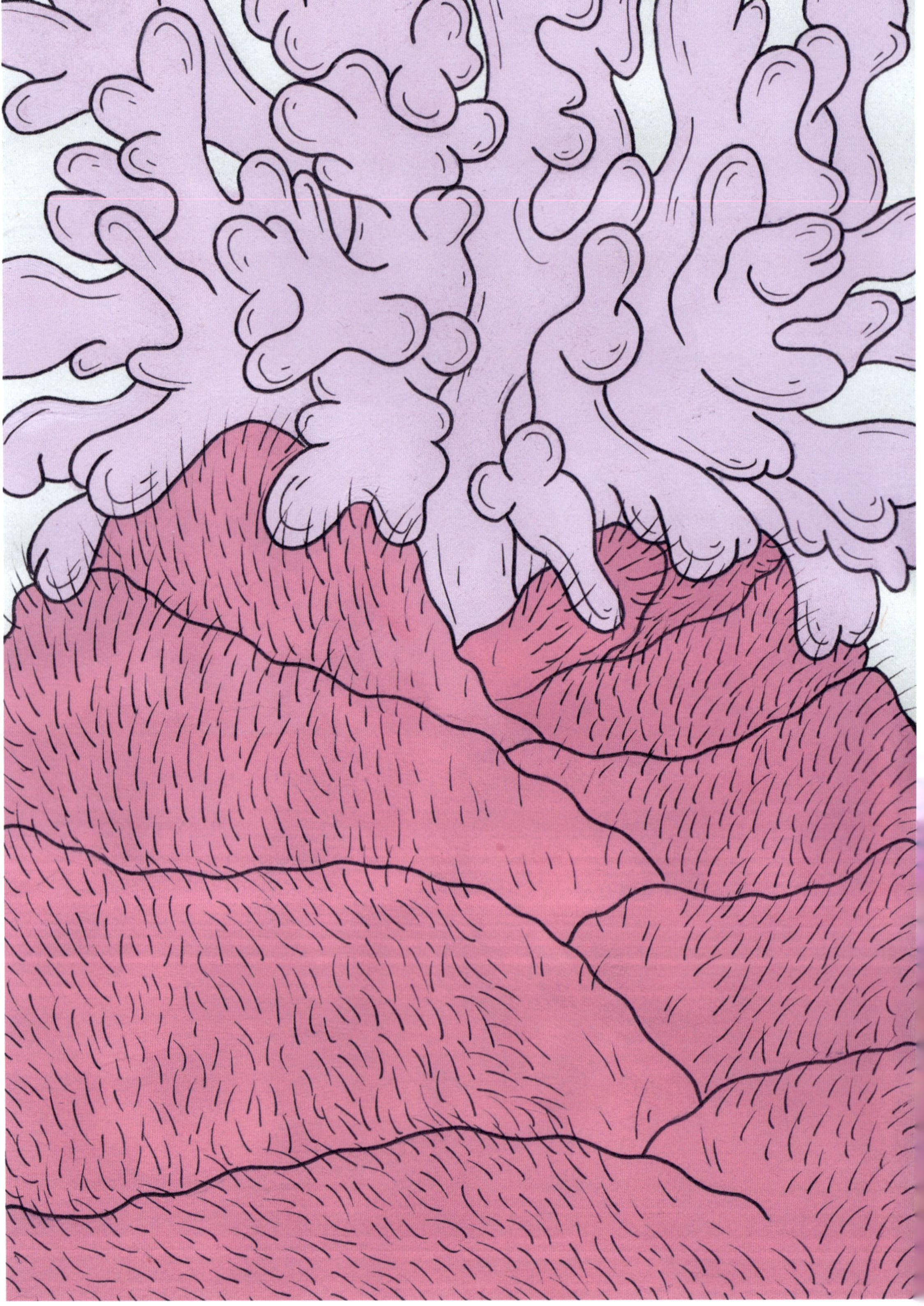

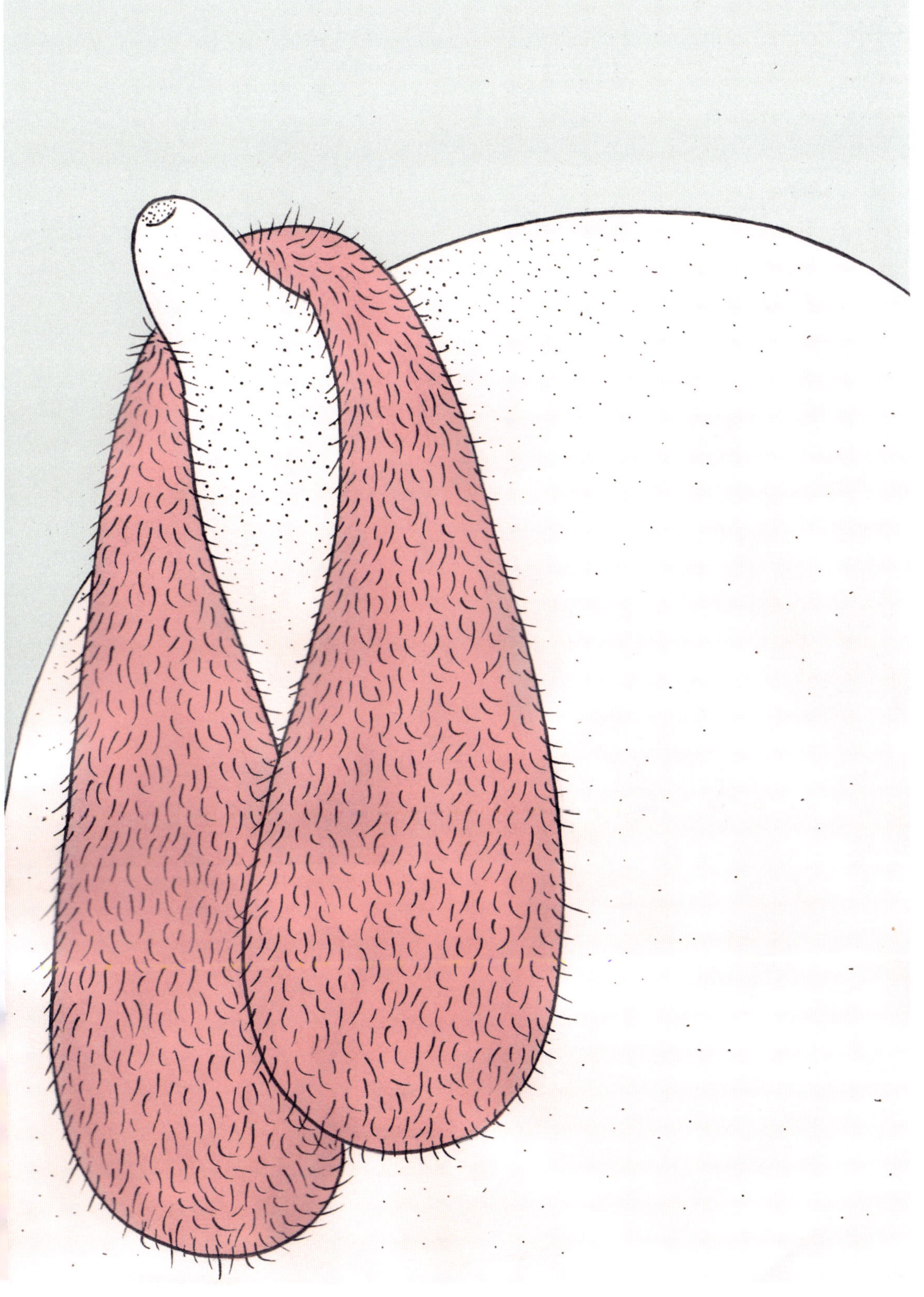

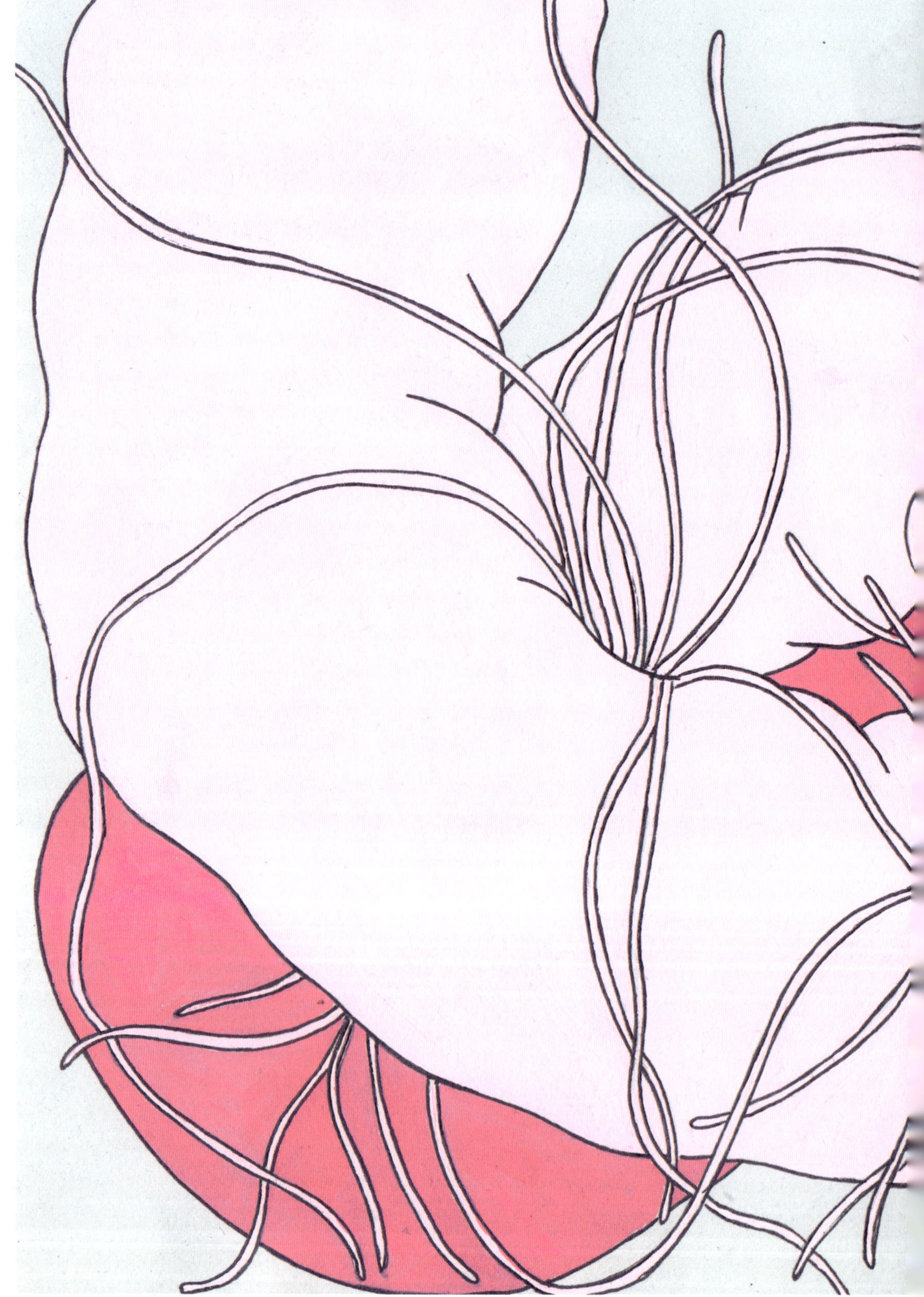

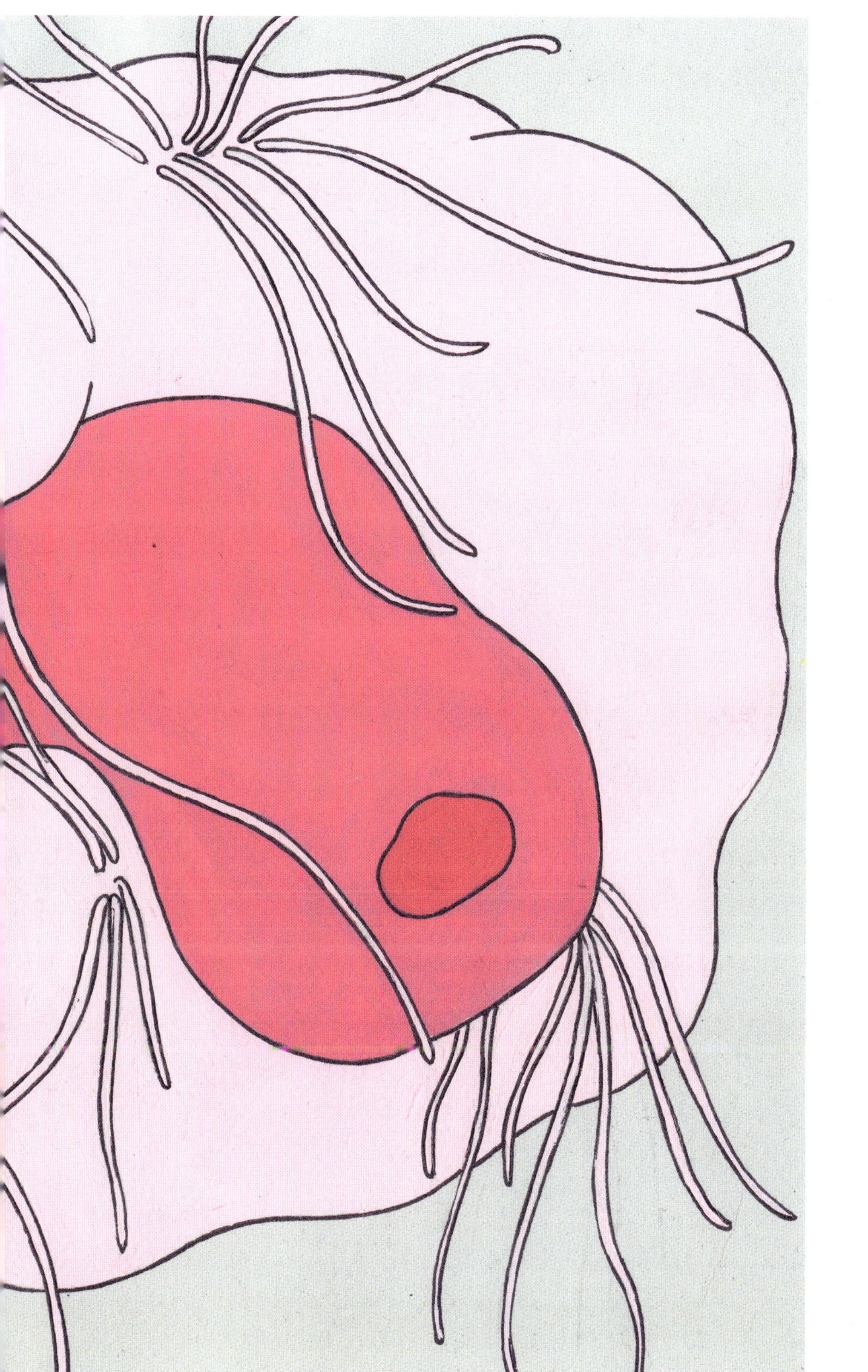

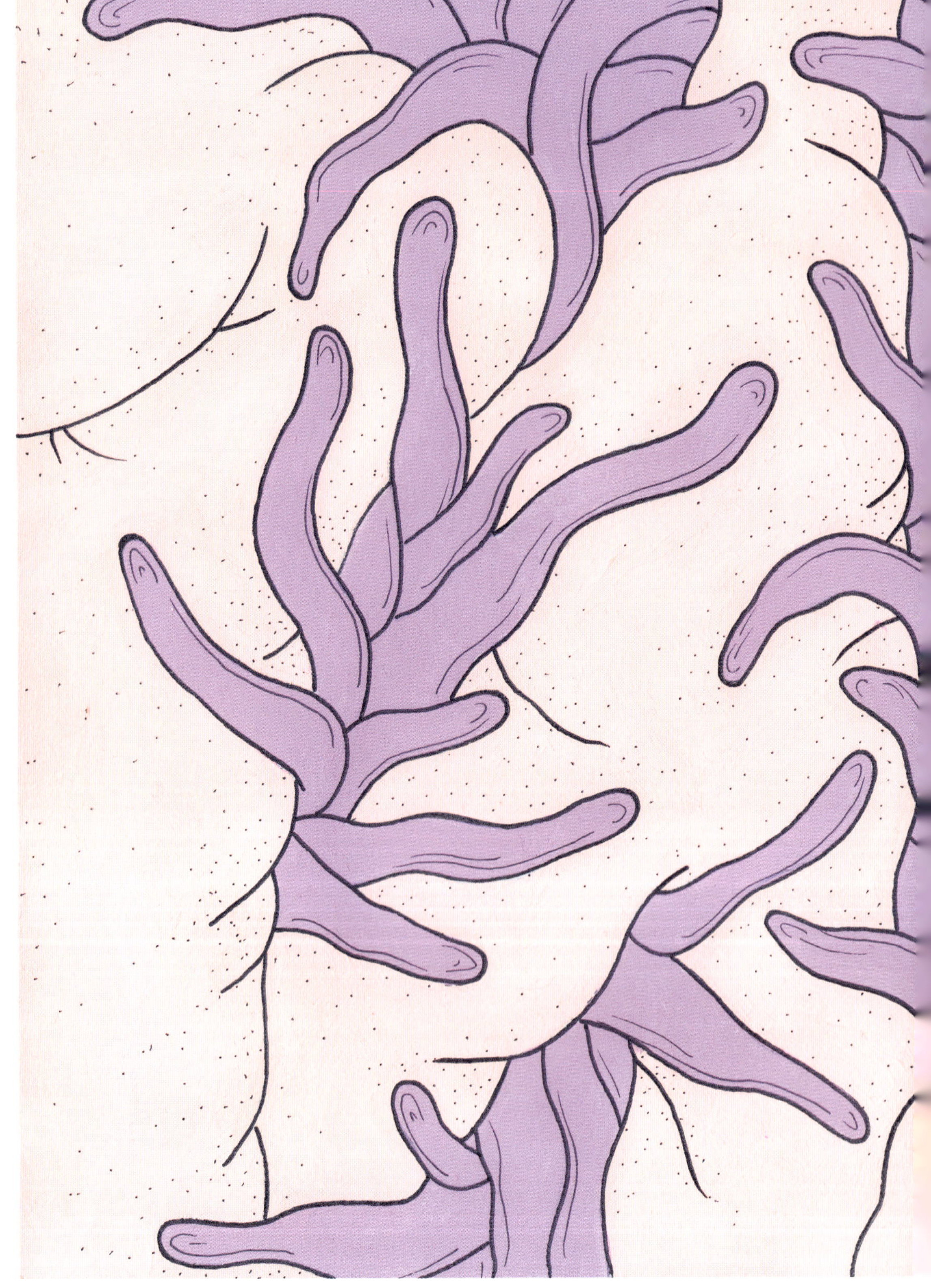

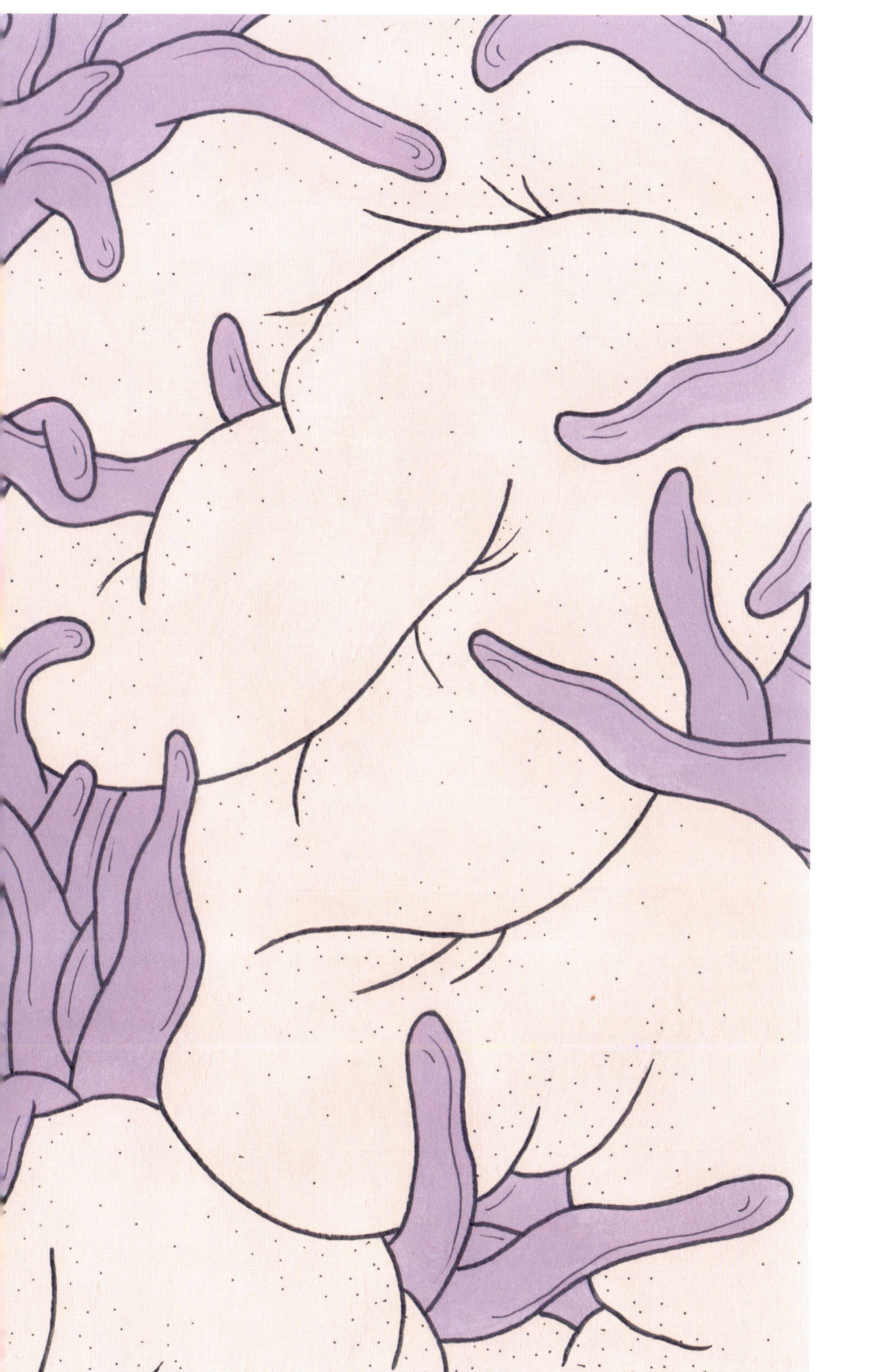

Eva Fàbregas

Geboren / born in Barcelona, 1988
Lebt und arbeitet / lives and works in Barcelona

Ausbildung / Education

2013
MA Fine Arts, Chelsea College of Art and Design, London, GB

2010
BA Fine Arts, Universitat de Barcelona, ES

Ausgewählte Einzelausstellungen / Selected Solo Exhibitions

2023
Devouring Lovers. Hamburger Bahnhof – Nationalgalerie der Gegenwart, Berlin, DE
Enredos I: Eva Fàbregas. Centro Botín, Santander, ES

2022
Vessels. Bombon Projects, Barcelona, ES

2021
Skin-Like. Kunsthal Gent, Ghent, BE

2019
Gut Feeling. Centrocentro, Madrid, ES
Those Things That Your Fingers Can Tell. Kunstverein München, München, DE

2018
Polifilia. García Galería, Madrid, ES

2017
Picture Yourself as a Block of Melting Butter. Fundació Miró, Barcelona, ES

2015
How Are You Feeling Today? Window Space (Whitechapel), London, GB

2014
Unforeseen Changes. The Green Parrot, Barcelona, ES

2013
Homeless Abstraction. PlazaPlaza, London, GB

2012
Una Forma Possible. Caja Madrid, Barcelona, ES

2011
Catalogació. La Capella, Barcelona, ES

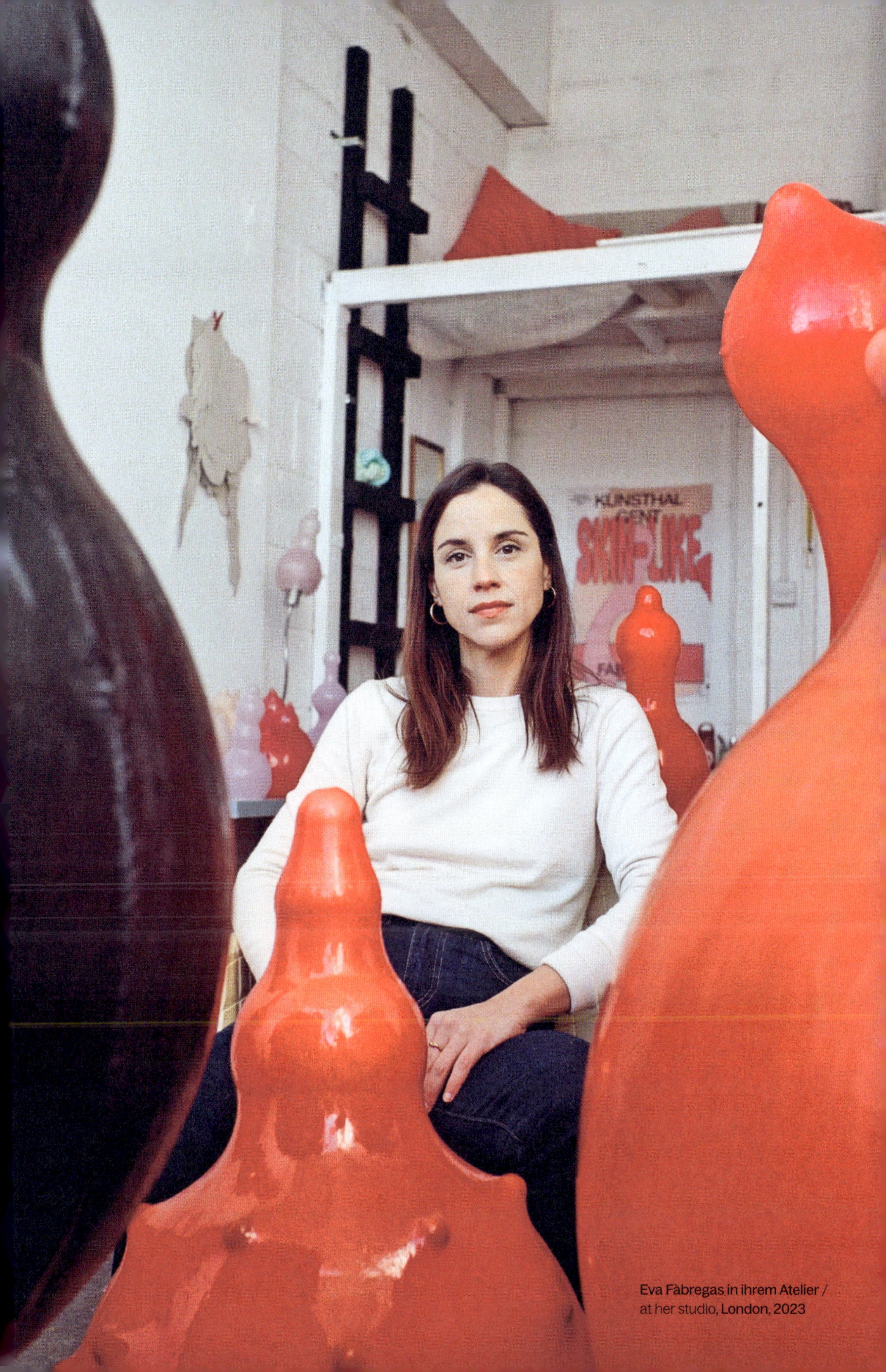

Eva Fàbregas in ihrem Atelier / at her studio, London, 2023

Ausgewählte Gruppenausstellungen / Selected Group Exhibitions

2023
Frontal Sphinx. Mendes Woods, Sao Paulo, BR

2022
Manifesto of Fragility. Biennale de Lyon, Lyon, FR
The London Open. Whitechapel Gallery, London, GB
In-Side-Out-Side-In. Site Gallery, Sheffield, GB
Digerir el mundo donde está. CaixaForum, Barcelona, ES
Symposium. Kunstverein Leipzig, Leipzig, DE
Hiperobjectes. Can Felipa, Barcelona, ES

2021
La Última Mutació. CaixaForum Barcelona, ES
Touch me Not. The Ryder, Madrid, ES

2020
Afterglow. Yokohama Triennale, Yokohama, JP
Un Momento Atemporal. Tabacalera, Madrid, ES

2019
Myths of the Near Future. 15th Fotonoviembre International Photography Festival, Tenerife, ES

2018
Polymeric Lust. Arte Display, Berlin, DE
Gonna Take Some Time. Viborg Kunsthal, Viborg, DK
Mapamundistas. Ciudadela, Pamplona, ES
Regreso al Futuro. La Casa Encendida, Madrid, ES
Who Cares? A Radio Tale. Gasworks/ResonanceFM, London, GB
The Flutch. Sala de Arte Joven, Madrid, ES

2017
First Act: Smooth Operations. Laure Genillard Gallery, London, GB
Eyecatcher. Focal Point Gallery, Southend-on-Sea, GB

2016
Systems for Displaying Matter. Enclave, London, GB
Teesside World Exposition of Art and Technology. MIMA, Middlesbrough, GB
Soft Control. Embassy Gallery, Edinburgh, GB
Scissors Cut Paper Wrap Stone. CCA Derry-Londonderry, IE (zweite Station / traveled to West Cork Arts Center, Cork, IE and Ormston House, Limerick, IE)
Generación 2016. La Casa Encendida, Madrid, ES

2015
Hotfixes. Avalanche, London, GB
9th Biennal Leandre Cristòfol. La Panera, Lleida, ES

2014
Eva Fàbregas and Andrew Lacon. Kunstraum, London, GB
Futurs Abandonats. Fabra i Coats, Barcelona, ES

2013
Modernitat Amagada. Casa Capell, Mataró, ES
Cas d'Estudi. Can Felipa, Barcelona, ES
INJUVE. Matadero, Madrid, ES

2012
Itinerarios. Fundación Botín, Santander, ES

Auszeichnungen / Awards and Grants

2023
Arco Prize, Madrid, ES

2022
Propuestas, Vegap, Madrid, ES

2021
The London Open, Whitechapel Gallery, London, GB

2018
Premio de Producción Fundació "La Caixa", Barcelona, GB

2015
Premio Generación, Fundación Montemadrid, Madrid, ES

2013
Stanley Picker Fellowship, London, GB

2012
Premio de Arte INJUVE, Madrid, ES

2011
Premio BCN Producció'11. Institut de Cultura de Barcelona, ES

2010
Beca de Producción Fundación Botín, Santander, ES

2009
Premio Sant Andreu Contemporani, Barcelona, ES
Premio Can Felipa, Barcelona, ES

Impressum / *Imprint*

Diese Publikation erscheint anlässlich der Ausstellung / Published on the occasion of the exhibition Eva Fàbregas. *Devouring Lovers*
6. Juli 2023 – 7. Januar 2024 / 6 July 2023 – 7 January 2024 im / at Hamburger Bahnhof – Nationalgalerie der Gegenwart, Staatliche Museen zu Berlin
Direktoren / Directors:
Sam Bardaouil & Till Fellrath
smb.museum/hbf

Ausstellung / Exhibition

Kuratorin / Curator: Anna-Catharina Gebbers
Sekretariat / Office: Katrin Berendsen
Restauratorische Betreuung / Conservation:
Leonie Samland
Sammlungsverwalter / Collection Management:
Jörg Lange, Thomas Seewald
Kommunikation / Communication:
Fiona Geuß, Anna Nike Sohrauer
Kunstvermittlung / Mediation: Claudia Ehgartner
Haustechnik / Maintenance: Gerhard Kaiser,
Garry Rogge, Stefan Gösche, Frank Wloka

Künstlerische Begleitung / Artistic Accompaniment
Eva Fàbregas: Carolina Jiménez
Nähteam / Sewing Team: Heura Penella, Lola Mesalles,
Huaqian Zhang, Lara Cuevas
Atemrobotik / Breathing Engineering: Benjamin Maus,
Constantin Engelmann
Ausstellungsbau / Exhibition Construction:
Flat Mountain Production (F.M.P.), EMart, Kruse AT
Art Handling: Flat Mountain Production (F.M.P.)
Ausstellungsgrafik / Exhibition Graphics: Eps51
Ausstellungsbeschriftung / Exhibition Labeling:
Annette Herwegh

Publikation / Catalogue

Für die / For the Nationalgalerie – Staatliche Museen zu Berlin herausgegeben von / edited by
Sam Bardaouil & Till Fellrath
Autoren / Authors: Eva Fàbregas, Anna-Catharina Gebbers, Daisy Lafarge, Paul B. Preciado
Redaktion / Editing: Lisa Hörstmann
Übersetzung / Translation: Katrin Boskamp-Priever, Stefan Lorenzer, Charlotte Mandell, Jacqueline Todd
Praktikantin / Intern: Hannah Langer

Cover: Installationsansicht / installation view
Eva Fàbregas. *Devouring Lovers*, Hamburger Bahnhof – Nationalgalerie der Gegenwart, 2023.

Silvana Editoriale

Hauptgeschäftsführer / Chief Executive: Michele Pizzi
Verlagsleiter / Editorial Director: Sergio Di Stefano
Art Director: Giacomo Merli
Redaktionskoordinator / Editorial Coordinator:
Natalia Grilli
Korrektorin / Copy Editor:
Cristina Pradella
Produktionskoordination / Production Coordinator:
Antonio Micelli
Redaktionsassistentin / Editorial Assistant:
Giulia Mercanti
Photo Editor: Silvia Sala
Pressestelle / Press Office: Lidia Masolini

Layout und Satz / Graphic Design and Typesetting:
Eps51
Druck und Bindung / Printing and Binding:
Tipostampa, Moncalieri
Papier / Paper: Fedrigoni Arena White Rough
Schriften / Fonts: Bagoss Variable

Erschienen bei / Published by Silvana Editoriale S.p.A., Mailand / Milano. www.silvanaeditoriale.it

Die Deutsche Nationalbibliothek verzeichnet diese Publikation in der Deutschen Nationalbibliografie; detaillierte bibliografische Daten sind im Internet über http://dnb.dnb.de abrufbar. / The German National Library lists this publication in the German National Bibliography. Detailed bibliographic data are available at http://dnb.dnb.de.

Printed in the EU
ISBN: 9788836655182

Eva Fàbregas möchte persönlich danken / would like to personally thank: **Bombon Projects, Joana Roda, Bernat Daviu, Ana Ramírez, Sabel Gavaldon, Daisy Lafarge, Paul B. Preciado, Fundación Botín, Jordi Morera, Institut Ramon Llull, Xavier Ruiz Sánchez, Sílvia González, Rafa Barber, Maria Rosa Colell, Ester Fàbregas, Jordi Fàbregas, Asier Tapia, Daniel Steegman Mangrané, Guillem Camprodon, Ana Sáez, Helena López.**

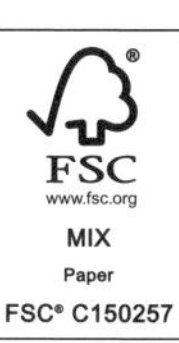

Abbildungsverzeichnis / *Photo Credits*

S. 5, 12 © Eva Fàbregas. Foto: Amande Dionne. Mit Unterstützung von Fluxus Art Projects, Acción Cultural Española (AC/E)
S. 6 © Eva Fàbregas. Foto: Pere Pratdesaba
S. 8 oben, 11, 52, 84–99 © Eva Fàbregas
S. 8 unten © Eva Fàbregas. Foto: Martim Ramos
S. 11 © Eva Fàbregas. Foto: Michiel De Cleene
S. 13 © Eva Fàbregas. Foto: Lionel Rault
S. 14–23, 40–49, 66–81 © Eva Fàbregas. Staatliche Museen zu Berlin, Nationalgalerie / Jacopo La Forgia
S. 27, 101 © Eva Fàbregas. Foto: Jordi Morera
S. 28 © Eva Fàbregas. Foto: Flat Mountain Production (F.M.P.)
S. 30, 37, 61–65 © Eva Fàbregas. Foto: Eva Fàbregas
S. 34 © Eva Fàbregas. Foto: Vicente Paredes
S. 53–60 © Eva Fàbregas. Foto: Aleix Plademunt

Dank
/ Acknowl-edgements

Die Ausstellung wird ermöglicht durch die Freunde der Nationalgalerie und Marc Müller. / The exhibition is made possible by the generous support of Freunde der Nationalgalerie and Marc Müller.

Die Publikation wurde ermöglicht durch die Freunde der Nationalgalerie. / The publication was made possible by Freunde der Nationalgalerie.